墨香财经学术文库

"十二五"辽宁省重点图书出版规划项目

山西省"1331工程"重点创新团队建设计划
（批准号：晋教科〔2017〕12号）资助
山西省软科学研究计划项目（2019041015-5）资助

U0674709

Moderation of Enterprise Financialization,
Macroeconomic Policy and Innovation

企业金融化适度性、宏观经济政策与创新

王少华 ◎ 著

东北财经大学出版社
Dongbei University of Finance & Economics Press
大连

图书在版编目（CIP）数据

企业金融化适度性、宏观经济政策与创新 / 王少华著. —大连：东北财经大学出版社，2020.5

（墨香财经学术文库）

ISBN 978-7-5654-3846-2

Ⅰ．企…　Ⅱ．王…　Ⅲ．企业管理-金融管理-研究-中国　Ⅳ．F279.235.6

中国版本图书馆CIP数据核字（2020）第059364号

东北财经大学出版社出版发行

　　大连市黑石礁尖山街217号　邮政编码　116025

　　网　　址：http：//www.dufep.cn

　　读者信箱：dufep@dufe.edu.cn

大连永盛印业有限公司印刷

幅面尺寸：170mm×240mm　字数：161千字　印张：11.75　插页：1

2020年5月第1版　　　　　　2020年5月第1次印刷

责任编辑：李　栋　周　慧　　责任校对：慧　心

封面设计：冀贵收　　　　　　版式设计：钟福建

定价：45.00元

山西省"1331工程"重点创新团队建设计划（批准号：晋教科〔2017〕12号）资助

山西省软科学研究计划项目（2019041015-5）资助

山西省社会、经济、统计科学研究课题（KY〔2019〕120）

序言

　　新时代追求经济高质量发展，必须做好化解实体经济"脱实向虚"问题和实现创新驱动发展两项重要工作。实体企业如何处理好金融化与创新发展的关系，近年来成为学界研究的热点，形成了"挤出效应"和"助推效应"两种截然不同的结论。王少华博士认为，这可能源于已有研究未对企业金融化是否合理进行区分所致，因此，她以"企业金融化适度性、宏观经济政策与创新"为题，进行了全面、系统、深入的研究，顺利完成了博士学位论文，得到了外审专家的好评，其中一位专家竟然给了满分的评价，最近，该论文又获得了省级优秀学位论文奖，令我感到十分欣慰。

　　现代经济增长离不开金融服务，现代企业发展离不开金融支持和保障，现代企业经营已经从过去的商品单元经营发展成为商品与资本双元经营，企业必须利用好商品市场和金融市场，必须适度配置和有效经营金融资产，才能实现企业可持续高质量发展，实现企业价值最大化。但是，凡事都必须把握合理的度，否则，过度就可能产生新的问题。由于过去多年我国实体经济转型升级比较缓慢，出现了产能过剩和市场需求不足的问题，同时金融市场发展较快，金融业利差较大，实业与金融业利差逐年拉大，导致实体企业金融资产配置快速增加，出现了过度金融化的倾向，国民经济产生"脱实向虚"的严重问题，不仅加大了我国的金融风险，而且影响到企业的创新发展，使我国经济高质量发展受到了严重威胁。那么，企业金融化究竟到什么程度才是适度的、有利于企业创新发展的？如何根据宏观金融环境保持这种适度性，促进企业创新发展？这些都是目前急需深入研究解决的问题。王少华博士在这本著作中合理地将金融可持续发展理论拓展至微观企业之中，对企业金融化适度性进行了科学的界定与测量，并以适度性假说为基础，对企业金融化与创新之间的动态关系进行了系统、深入的探讨，发现企业金融化与创新之间的关系并非单一，而会依据适度性的变动进行动态调整，使得二者间扑朔迷离的关系获得了全新的阐释，有效破解了已有文献关于金融化与创新二者关系的学术争端。而且，她结合我国的特殊经济体制，将宏观经济政策纳入研究框架之中，探索政府通过宏观经济政策影响微观企业行为，进而引导企业脱虚向实、健康发展的宏观调控过程。我认为，这本著作研究内容新颖且有价值；研究设计严密，研究方法合理，实证检验严谨，得出的研究结论可靠，且具有重要的理论意义和现实意义。

王少华博士从考取我校硕士研究生起，便立志从事高等教育和学术研究，硕士二年级即获得了硕博连读资格。在跟随我和我爱人的五年硕博连读时间里，她学习自觉、刻苦，不仅进行了较为广泛、系统的理论学习，而且主动和导师及校内外专家、学者进行学术交流，自觉进行科研方法、论文规范和学术素养的系统训练，用比较短的时间获得了博士学位。目前已在《上海财经大学学报》《财经科学》等期刊发表论文 7 篇，多次获得全国性学术会议优秀论文奖，并荣获校级优秀博士毕业生称号。值此博士论文付梓之际，特向她表示祝贺，希望她趁着年华正好，能够尽情拼搏、尽情欢笑，不负韶华，所种皆有所得！

本书可供高校财务管理专业教师和研究生、资本市场投资者和制定宏观经济政策的相关政府部门，以及对宏观经济政策和微观企业行为感兴趣的社会公众等阅读和参考，对于上述人士学习企业财务管理知识、提高投资决策效率、优化宏观经济政策、推动实体经济高质量发展会有较好的参考价值。因此，我非常乐于作序推介！

吴秋生

2020 年 6 月 5 日

前言

　　创新是一国经济社会稳定、持续高速发展的重要内生驱动力。近年来，我国企业的研发创新活动呈现出平稳的增长趋势，专利批准数呈现指数式的快速增长趋势。然而不可否认的是，与欧美等发达国家相比，我国的创新水平仍相对较低，且创新动力不足。其重要原因是我国实体经济逐渐疲弱、市场需求日益饱和的同时伴随着金融市场快速发展、金融产品迅速更新，行业间发展的不平衡导致实业与金融业利润差逐年拉大，实体企业为获得超额利润过度金融化，使企业偏离主业、挤出创新，呈现出"脱实向虚"的趋势。为此，政府出台了多项有关实体企业参与金融市场的政策与规定对企业金融化行为进行引导。习近平总书记也在诸多重要场合强调了实体企业聚焦主业、自主创新对于企业间的良性竞争、对于我国经济健康可持续发展的重要作用。

　　无论是从宏观还是从微观的角度看，企业金融化既有利也有弊。从宏观的经济发展的角度看，一国经济的迅速增长必然伴随着金融产业的蓬勃发展，实体经济想高速、高质量发展就应当合理、适度地利用金融业更好地服务实体经济。从微观的个体企业的角度看，增持企业中重要资产类型之一的金融资产是企业最直接的金融化方式，也是企业金融化直观的表现形式，企业很难实现零持有金融资产，同时为了防止脱实向虚也不能过度持有金融资产。因此，科学研究企业金融化的后果及影响需要首先合理界定企业金融化的适度性。那么，企业金融化的适度性应如何判断与掌控？在适度性的前提下，企业金融化与创新二者间的关系又将发生怎样的变化？受全球宏观经济波动以及我国产业结构转型升级、经济由高速增长向高质量发展转型的影响，我国政府频繁调整财政政策与货币政策，以期推动我国经济持续健康发展。那么宏观财政政策与货币政策能否在企业金融化与创新二者关系中发挥政策效应？宏观经济政策与微观企业行为又能否有机互动、共同作用来实现企业的长期可持续发展？

基于金融可持续发展理论，本书将金融化适度性定义为当期及未来股东价值实现与企业金融化行为相互之间的协调程度，并以2007—2017年中国沪深A股上市公司为样本，对企业金融化适度性与创新二者间的关系进行了系统、深入的研究，具体包括三方面内容：（1）基于股东价值理论，系统分析企业金融化适度性动因及影响因素，构建了金融化适度性甄别模型，并对模型的有效性进行了实际检验。（2）基于内生增长理论和企业投融资理论，分析与检验了企业金融化适度性与创新之间的动态关系，探究了二者关系的传导机制，并基于企业金融化主动性进行了分组研究。（3）基于资源配置理论和资本成本理论，从传导路径和不同情形下宏观经济政策所发挥的调节效应进行了分析与推演，并实证检验了宏观经济政策的调节效应及其和金融化主动性的交互调节效应。

在构建企业金融化适度性甄别模型的基础上，作者研究发现：（1）我国企业存在过度金融化的倾向，且日益严重、亟待解决。过度金融化会抑制企业在固定资产与无形资产方面的投资，同时会降低企业的主业盈利水平、提高金融渠道获利能力，而适度金融化则能够增加企业固定资产投资。（2）企业金融化与创新的一般关系是：企业适度金融化可以助推创新，而过度金融化则会挤出创新。但是，企业金融化适度性会随着环境的变化而变化，其与创新的关系也应随之动态调整。不同适度性情形下，企业金融化对创新影响的传导路径有所不同，融资约束、金融渠道获利和现金流约束均能够在过度金融化与创新的关系中起中介作用，而仅有现金流约束在适度金融化与创新的关系中起中介作用。相对于主动金融化企业而言，政治资源相对匮乏的非国有企业，成长迅速、资金相对短缺的成长期企业，以及主业增长水平较高、对资源需求较大的被动金融化企业的创新水平受到金融化适度性的影响更为敏感。（3）企业获得的政府补助能够缓解过度金融化对创新的挤出效应，而宽松的货币政策环境将加剧金融化适度性对创新的挤出效应；但二者均不会显著影响适度金融化对创新的助推效应。进一步地，政府补助能够降低企业的金融化主动性，进而缓解过度金融化对创新的挤出效应，而宽松的货币政策环境能够增强企业的金融化主动性，从而加剧过度金融化对创新的挤出效应，体现出宏观经济政策和金融化主动性在企业金融化适度性与创新关系中的交互调节作用。

本书具有如下理论贡献与创新：（1）构建模型对企业金融化适度性进行甄别，回答了金融化究竟何为适度的问题，为金融化相关研究提供了新的测度方法。（2）探究不同适度性情形下企业金融化与创新关系的动态变化，破解了学者关于金融化与创新二者之间若非相辅相成即为蚌鹬相持关系的学术争端。（3）进一步分析企业金融化适度性与创新二者关系的传导路径，并从金融化主动性的角度发掘二者关系的影响因素，从微观企业层面探究了金融化适度性与创新二者关系的传导与调节机制，揭示了企业金融化适度性影响创新的内在逻辑。（4）深入探讨政府补助与货币政策宽松度对二者关系的调节效应以及政策效应发挥与金融化主动性的交互调节作用，从宏观政策层面发掘了企业金融化适度性与创新二者关系的影响因素，拓展了宏观经济政策与微观企业行为之间的互动关系研究范畴。

本书根据研究结论提出的政策建议具有如下现实意义：（1）有利于企业根据具体情况适度配置金融资产，并根据宏观经济政策相机调整，不断促进创新，提高企业价值。（2）有利于投资者通过研判企业金融化适度性的信息含量，预测企业创新发展前景，合理投资决策。（3）有利于政府通过优化宏观经济政策，引导企业合理金融化，推动企业积极创新，实现可持续发展。

本书在完成过程中得到博士生导师吴秋生教授的指导和帮助；承蒙西南财经大学周铭山教授、华中科技大学孔东民教授和山西大学张信东教授的审阅和支持；同时获得山西财经大学杨瑞平教授、上官泽明老师、黄贤环老师和田峰老师的关心和帮助，感谢他们给予我的爱和温暖。同时，还要感谢我的家人在我求学和工作期间给予我的理解和支持。最后，感谢山西省"1331工程"重点创新团队建设计划（批准号：晋教科〔2017〕12号），山西省软科学研究计划项目（2019041015-5），山西省社会、经济、统计科学研究课题（KY〔2019〕120）等项目的慷慨资助，同时感谢东北财经大学出版社编辑老师的辛勤付出。

由于作者水平有限，不足和疏漏之处在所难免，恳请广大读者批评指正。

作者
2020年2月

▌目录

第 1 章　绪论 / 1

　　1.1　选题背景与研究意义 / 1

　　1.2　核心概念界定 / 7

　　1.3　研究目标、内容与框架 / 17

　　1.4　研究思路与研究方法 / 23

　　1.5　研究创新 / 26

第 2 章　文献综述 / 27

　　2.1　企业金融化的含义与测度研究 / 27

　　2.2　企业金融化与创新的关系研究 / 32

　　2.3　企业金融化与创新关系的影响因素研究 / 38

　　2.4　研究文献述评 / 40

第 3 章　企业金融化适度性甄别模型的构建与运用 / 42

　　3.1　金融化适度性甄别模型的理论基础 / 42

3.2　金融化适度性甄别模型的构建／49

3.3　金融化适度性甄别模型的运用／58

3.4　本章小结／65

第 4 章　企业金融化适度性与创新／67

4.1　企业金融化适度性与创新的一般关系／67

4.2　企业金融化适度性与创新的传导路径／93

4.3　基于企业金融化主动性的分组研究／104

4.4　本章小结／109

第 5 章　企业金融化适度性、政府补助与创新／110

5.1　政府补助对企业金融化适度性与创新关系的调节效应／111

5.2　政府补助和企业金融化主动性的交互调节效应／122

5.3　本章小结／127

第 6 章　企业金融化适度性、货币政策宽松度与创新／128

6.1　货币政策宽松度对企业金融化适度性与创新关系的调节效应／128

6.2　货币政策宽松度和企业金融化主动性的交互调节效应／142

6.3　本章小结／148

第 7 章　结论、建议与展望／149

7.1　研究结论／149

7.2　政策建议／152

7.3　研究局限与展望／155

主要参考文献／158

索引／172

第1章　绪论

1.1　选题背景与研究意义

1.1.1　选题背景

创新是一国社会稳定、经济持续高速发展的重要内生驱动力（Solow，1957）。随着供给侧结构性改革的推进，实现经济增长动力由要素增长向创新驱动转换是我国经济发展的迫切需求，因此我国企业急需从"套利型"向"创新型"转变，而这种转变的成败将直接关乎我国经济结构能否成功转型（张维迎，2016）。2018 年 10 月，习近平总书记在考察广东时再次强调，制造业的核心就是创新，实体经济发展至关重要，任何时候都不能脱实向虚。在企业层面上，微观的脱实向虚主要表现为企业金融化（彭俞超和黄志刚，2018）。目前关于企业金融化的确切定义各不相同，但对其研究的共同前提即金融扩张伴随着基础经济关系的实质性变化（Davis，2017），其不仅反映在金融机构规模和范围的扩张上（Epstein，2005），同时反映在非金融机构的金融行为及其后果上（Krippner，2005）。2007—2017年上市公司金融资产持有量趋势图如图1-1所示。

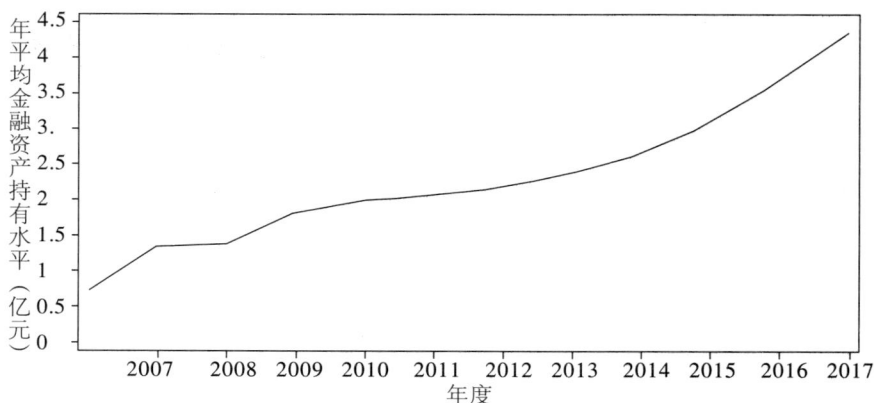

资料来源：作者使用STATA软件绘制所得，相关原始数据来自CSMAR数据库。

图1-1　2007—2017年上市公司金融资产持有量趋势图[①]

　　事实上，随着我国金融市场的蓬勃发展和金融产品的不断创新，我国非金融企业中金融资产持有量逐年递增，非金融企业金融化现象已十分普遍（如图1-1所示）。对2007—2017年的企业金融化数据进行统计发现，随着时间的推移我国越来越多的非金融上市公司加入金融化的行列中来，至2017年年底，已有80%以上的企业存在金融化现象，甚至个别企业的金融资产占比超过了总资产的一半以上。[②]这一方面对企业利用资金、增加收益、调结构和降杠杆起到积极作用（吴军和陈丽萍，2018），不但其收益可以在一定程度上抵消主业利润的下降（Baud和Durand，2012），提高企业净利润，而且可以增强企业流动性（胡奕明等，2017），缓解资金压力，促进实业投资（Davis，2018）；另一方面，金融化行为会导致金融利润占比提高，刺激了公司经理在金融资产上投入更多的资金，从而导致金融资产份额相对于投资组合中持有的其他资产增长（Sen和Dasgupta，2018），不仅可能抑制实业投资（Orhangazi，

---

　　① 本书所指金融资产主要包括货币资金、持有至到期投资、交易性金融资产、投资性房地产、可供出售金融资产、长期股权投资、应收股利和应收利息等，关于金融资产范围的确定详见第3章中的变量设计。
　　② 相关数据由作者使用STATA软件对样本数据统计所得，原始数据来自CSMAR数据库。

2008；张成思和张步昙，2016），使企业偏离主营业务（王红建等，2016），还会对企业创新产生挤出效应（谢家智等，2014a；王红建等，2017）。

这不禁使人联想到"不务正业"的雅戈尔集团。雅戈尔集团股份有限公司以服饰起家，却在投资上做得"风生水起"。2013—2016年，雅戈尔集团的金融资产占比由35.18%迅速增长到62.54%，金融资产超过了总资产的一半以上，虽然期间伴随着较高的盈利水平，但将目光聚焦至该公司的创新投入则发现，其研发支出占总资产的比例由0.08%连续跌至0.02%，其长期可持续发展能力已逐步衰落，为其财务丑闻的发生埋下了隐患。在丑闻发生后，雅戈尔集团有所收敛，其金融资产占比由2016年的62.54%降至2017年的57.49%，伴随着研发支出占比由0.02%回升至0.03%（见表1-1）。这难道意味着金融化真的无法与创新共存吗？

表1-1　　　　　　　　　　案例公司相关数据①

年份	雅戈尔集团		华为技术有限公司	
	研发投入占比	金融资产占比	研发投入占比	现金与短期投资占比
2013年	0.0008	0.3518	0.1293	0.3357
2014年	0.0007	0.4214	0.1319	0.3423
2015年	0.0004	0.6017	0.1602	0.3364
2016年	0.0002	0.6254	0.1722	0.3283
2017年	0.0003	0.5749	0.1775	0.3958

注：表1-1中数值因进行了相应换算均无量纲。

资料来源：作者收集整理并计算所得。其中，雅戈尔集团相关财务数据来自CSMAR数据库，华为技术有限公司财务数据来自华为官方网站披露的年报数据（www.huawei.com）。

华为技术有限公司作为全球领先的通信设备供应商，给出了不一样的答案。华为近年来发展迅速，技术创新触及算法、底层物理、材料技

---

① 研发投入占比、金融资产占比和现金与短期投资占比分别为研发投入金额、金融资产金额（关于金融资产范围的确定详见第3章中的变量设计）和现金与短期投资金额用年末总资产标准化后得到。其中，2013年华为年报数据进行了重述，此处采用重述后数据进行计算。

术器件以及设计理念等诸多方面，这些创新因子交叉渗透、相辅相成，支撑着华为凭借不断超越的技术水平和生生不息的创新能力持续领先于全球同行业其他公司。纵观华为2013—2017五年来的投资策略，其研发支出占总资产的比例由12.93%一路攀升至17.75%，以数据体现了其持续高强度创新的公司理念。然而值得关注的是，其现金与短期投资占总资产的比例由33.57%增长至39.58%，现金与短期投资每年同比增长均超过了10%以上[①]，也呈现出增长的趋势（见表1-1）。

2018年4月27日，为规范非金融企业投资金融机构行为，促进非金融企业与金融机构良性互动发展，中国人民银行、中国银行保险监督管理委员会和中国证券监督管理委员会联合发布了《关于加强非金融企业投资金融机构监管的指导意见》（以下简称《指导意见》），促进金融业更好地服务实体经济。一国经济的迅速增长必然伴随着金融产业的蓬勃发展。有研究发现，由于超额回报的存在，近年来我国非金融企业无论是在配置金融资产的企业占比还是金融资产配置水平上均呈现出较快的增长趋势（王红建等，2017）。与此同时，中国企业的研发创新活动并未被金融化的强劲增长势头所"挤出"，也呈现出平稳的增长趋势（刘贯春，2017）。

雅戈尔集团与华为技术有限公司的微观数据（见表1-1）以及我国非金融企业金融化发展迅速的同时伴随着创新投入稳步增长的宏观表现，使我们对金融化与创新二者之间的关系产生了疑问。

资金是企业进行创新活动、提高创新能力的关键因素，争取政府支持是企业获取资金的重要形式之一。受全球宏观经济波动以及我国产业结构转型升级、经济由高速增长向高质量发展转型的影响，我国政府频繁调整财政政策与货币政策，以期推动我国经济持续健康发展。2019年2月，习近平总书记在中共中央政治局第十三次集体学习时再次强调要深化金融供给侧结构性改革、增强金融服务实体经济能力，并指出要注重在稳增长的基础上防风险，强化财政政策、货币政策的逆周期调节作用，确保经济运行在合理区间，坚持在推动高质量发展中防范化解风

---

① 华为技术有限公司为非上市公司，其年报中未详细披露各类金融资产金额，而统一纳入现金与短期投资科目中。华为年报中披露的现金与短期投资数据显示，2013—2017年间现金与短期投资同比变动值分别为14.4%、29.4%、18.1%、16.3%和37.3%。

险。然而宏观经济政策的调整是否能有效遏制企业脱实向虚、促进企业可持续发展？有学者研究发现政府补贴作为财政政策的重要组成部分，为企业创新投资提供了重要的融资支持，体现了政府补贴对企业创新的激励效应（Gonzalez 等，2005；Guo 等，2016；康志勇，2013；钟凯等，2017）；而也有学者认为政府补贴会挤出原本从企业内部和市场中供给的创新资金，且企业为了争取更多的政府资源会产生各种寻租行为，从而表现出一定的负面效应（Wallsten，2000；Duguet，2004；余明桂等，2010）。与此同时，关于货币政策的相关研究同样得出了不一致的结论。有学者认为货币政策宽松有助于降低企业风险（季伟伟等，2014），缓解企业所面临的融资约束，从而缓解企业创新投资受制于现金流约束的困境，促进企业创新投资（谢乔昕，2017；钟凯等，2017）；而有学者则发现货币政策会加剧由于金融开放所导致的经济波动（朱荣华和左晓慧，2018），并且使企业通过信贷渠道配置金融资产更为便利，加剧企业的财务风险（黄贤环等，2018、2019），对企业投资产生负面影响（韩东平和张鹏，2015）。那么，在金融化与创新二者的关系中，宏观财政与货币政策将发挥怎样的作用？宏观经济政策与微观企业行为能否有机互动、共同调节企业的长期可持续发展？

无论从微观个体企业还是从宏观经济发展形势来看，金融化都不能全盘否定，而应合理适度地利用金融为企业服务，这样才能使企业适应环境发展，达到双赢。因此，弄清楚金融化适度性如何界定、企业应如何协调发展金融化和创新、宏观政策又应如何进行调控等问题对于有效促进我国企业创新，有效监管企业过度金融化、遏制国民经济脱实向虚，推动我国经济稳定持续发展具有启示意义，能够为我国宏观经济政策体系的构建与完善提供一定的决策证据。

1.1.2 研究意义

在适度性甄别视角下，本书探讨企业金融化对创新的作用机理，并进一步探讨宏观经济政策的重要组成部分——政府补贴与货币政策宽松度对二者关系的宏观调控作用，其理论意义在于：

（1）对企业金融化适度性进行甄别，为企业金融化相关理论研究提供新的测度方法。本书考虑了企业的固有特征、经营状况与财务状况等因素构建模型对企业金融化适度与否进行甄别，并根据甄别结果对不同的适度性情形进行分类，能够为本书后续研究奠定计量基础，为本领域相关理论研究提供新的金融化测度方法。

（2）揭示不同适度性情形下企业金融化与创新关系动态变化的成因与机理。企业的资源是有限的，当其进行资金配置时，不仅会影响企业金融资产配置，也会对其创新资源供给产生影响。本书在对企业金融化适度性进行甄别的基础上，考察不同适度性情形下企业金融化与创新关系的动态变化，分析和推演企业金融化对创新的作用机理，能够深化金融化与创新的相关理论，为后续相关研究提供新的研究思路。

（3）从金融化适度性角度揭示宏观经济政策对金融化与创新关系的调整路径与机理。本书从金融化适度性角度分别引入财政政策和货币政策对金融化与创新关系的宏观调控作用进行研究，能够从宏观视野探索金融化与创新二者关系的新的影响因素，揭示中国宏观经济政策作用于微观企业行为的路径与机理，发掘宏观政策与微观因素的有机互动机制。

在金融化发展迅速、企业创新稳步增长的现实背景下，本书探讨适度性甄别视角下企业金融化与创新二者关系的动态变化与宏观调整，具有重要的现实意义：

（1）对企业结合自身具体情况优化金融资产配置、有效提高创新具有指导意义。本书结合企业的固有特征、盈利状况和财务状况等因素对企业的目标金融化水平进行拟合，测算实际金融化水平与目标金融化水平间的差距，对企业金融化的适度与否进行判断，分析不同适度性情形下金融化与创新之间的关系，对于企业结合自身具体情况选择合理适度的金融化行为，有针对性地采取措施防范企业过度金融化，并结合宏观经济政策对自身相关决策进行调整具有指导意义，对于企业通过优化金融资产配置、有效提高创新具有指导意义。

（2）为投资者理性判断企业金融化与创新的关系，合理做出投资决策提供依据。本书通过对企业金融化适度性的甄别，研究过度与适度两种情形下企业金融化对创新的影响，能够揭示在金融化适度性不同时二者间关系的动态变化，有利于投资者根据企业具体金融化情况对企业中金融化与创新的关系进行判断，从而通过企业金融资产与创新投入的配置情况对企业的未来发展前景进行预测，做出合理的投资决策。

（3）为政府部门优化宏观经济政策，引导企业适度金融化、实现经济可持续发展提供政策建议。本书深入研究财政政策和货币政策对企业金融化与创新关系的调节作用，探索宏观经济政策对企业金融化与创新二者关系的影响机制与路径，并深入到宏观政策与微观因素有机互动、共同调节二者关系的范畴，为政府通过优化相关政策引导企业适度金融化、实现经济可持续发展提供政策建议，对于政府部门通过对相关政策的调整来宏观调控虚拟经济与实体经济间的关系以实现金融切实服务于企业、促进产融结合具有重要意义。

1.2 核心概念界定

1.2.1 企业金融化适度性

本小节在借鉴已有学者定义的基础上对企业金融化进行界定，对企业金融化与脱实向虚进行辨析，对近年来企业金融化的相关政策与规定进行解读，进而对本书中的企业金融化适度性进行内涵界定。

（1）企业金融化的界定

目前关于"金融化"的定义并未达成共识。但被广泛接受的定义是，金融化意味着金融动机、金融市场、金融部门以及金融机构在国内以及国际经济运行中越来越重要的地位（Epstein，2005）。这主要是宏观视角下的金融化。

"企业金融化"一词源自金融化概念，是金融化概念的微观延伸。已有研究主要从金融资产与收益和股东价值两个角度对企业金融化进行阐释（详见第2章），并发现其主要表现在投资行为（如投资组合中金融资产的比例增加）、公司治理（如公司治理结构的变动）以及公司管理（股东价值在经济决策中的重要性日益增加）等三个方面。其中，在企业中金融项目投资及由此带来的相应金融收益的增加（Phillips，

2002；Krippner，2005），导致金融化最为直观的表现形式即实体企业的金融投资活动逐渐活跃（杜勇等，2017）。因此，借鉴 Demir（2009a）和戴赜等（2018）等学者的定义，本书认为企业金融化即非金融企业减少实体经济投资而增加金融资产投资的趋势。

（2）脱实向虚和企业金融化的辨析

脱实向虚，即脱离实体经济的投资、生产、流通，转向虚拟经济的投资。其中，实体经济是指物质的、精神的产品和服务的生产、流通等经济活动，包括农业、工业、交通业、通信业、商业、服务业、建筑业等物质生产和服务部门，也包括教育、文化、知识、信息、艺术、体育等精神产品的生产和服务部门。而虚拟经济是相对实体经济而言的，是以资本化定价方式为基础的一套特定的价格体系的资产价格系统，主要包括金融业甚至包括房地产业，还包括体育经济、博彩业、收藏业等。具体到企业中，资产主要分两类：实体资产和金融资产。实体资产是指企业销售商品或提供劳务所涉及的资产，如固定资产、无形资产等，而金融资产则是指实体经营资产之外的，主要是金融市场提供的那些合约或产品，如票据、债券、股票、各类金融衍生产品等（宋军和陆旸，2015；胡奕明等，2017）。

在宏观经济层面上，脱实向虚表现为资金不断流入虚拟经济，引起影子银行体系膨胀、资产价格繁荣，以及实体经济有效投资不足。在微观经济层面上，脱实向虚主要指企业金融化，即非金融企业增加金融资产投资而减少生产性投资的现象（Epstein，2005）。企业金融化行为表现为资本从实体经济流向虚拟经济，进而导致实体经济低迷与虚拟经济膨胀并存，即经济"脱实向虚"（向松祚，2014）。从这个层面来讲，企业金融化是脱实向虚的微观表现，微观的脱实向虚即企业金融化。

（3）企业金融化的政策解读

本节对近年来关于企业金融化的相关政策与规定进行了梳理（见表1-2）。

2008年国际金融危机愈演愈烈，尽管有关国家和国际组织采取了不少救助措施，但世界经济和金融形势恶化的影响仍在蔓延，金融危机正加速从虚拟经济向实体经济，从发达国家向新型经济体和发展中国家

表 1-2　　　　　　　　　　企业金融化的相关规定

时间	名称	相关内容
2007年9月	《中国人民银行关于公司债券在银行间债券市场发行、交易流通和登记托管有关事宜的公告》	支持商业银行等市场参与者在银行间债券市场参与公司债券承销和投资活动，以充分发挥机构投资者的作用，拓宽公司债券发展的深度和广度
2008年11月	《中共中央、国务院转发〈国家发展和改革委员会关于当前进一步扩大内需促进经济增长的十项措施〉的通知》	取消对商业银行信贷规模限制，合理扩大信贷规模，加大对重点工程建设和灾后恢复重建的信贷支持，加大对"三农"和中小企业的信贷支持，加大对技术改造、兼并重组、过剩产能向外转移的信贷支持，加大对节能减排、发展循环经济的信贷支持
2008年12月	《国务院办公厅关于当前金融促进经济发展的若干意见》	加强货币政策、信贷政策与产业政策的协调配合，鼓励银行业金融机构在风险可控的前提下，对基本面比较好、信用记录较好、有竞争力、有市场、有订单但暂时出现经营或财务困难的企业给予信贷支持
2010年4月	《企业内部控制应用指引第6号——资金活动》	企业应当根据投资目标和规划，合理安排资金投放结构，科学确定投资项目，拟订投资方案，重点关注投资项目的收益和风险。企业选择投资项目应当突出主业，谨慎从事股票投资或衍生金融产品等高风险投资
2012年12月	《上市公司监管指引第2号——上市公司募集资金管理和使用的监管要求》	允许上市公司使用闲置募集资金购买安全性高、流动性好的投资产品，包括固定收益类的国债、银行理财产品以及其他投资产品等，这在很大程度上引起实体企业金融化程度在2012年之后明显地提高
2014年8月	《国务院办公厅关于多措并举着力缓解企业融资成本高问题的指导意见》	金融部门和金融机构要认真贯彻落实国务院第49次、第57次常务会议精神，采取综合措施，着力缓解企业融资成本高的问题，促进金融与实体经济良性互动

续表

时间	名称	相关内容
2015年5月	《中国制造2025》	支持符合条件的制造业企业建立企业财务公司、金融租赁公司等金融机构，推广大型制造设备、生产线等融资租赁服务。完善金融扶持政策，引导金融机构创新符合制造业企业特点的产品和业务
2015年12月	《中央经济工作会议提出2016年五大任务》	帮助企业降低成本，金融部门要创造利率正常化的政策环境，为实体经济让利。要支持企业技术改造和设备更新，降低企业债务负担，创新金融支持方式，提高企业技术改造投资能力
2016年2月	《中国人民银行 发展改革委 工业和信息化部 财政部 商务部 银监会 证监会 保监会关于金融支持工业稳增长调结构增效益的若干意见》	加强货币信贷政策支持、营造良好的货币金融环境，提高资本市场、保险市场对工业企业的支持力度，推动工业企业融资机制创新，促进工业企业兼并重组，支持工业企业加快"走出去"，加强风险防范和协调配合
2016年3月	《工业和信息化部 中国人民银行 中国银行业监督管理委员会关于印发〈加强信息共享 促进产融合作行动方案〉的通知》	促进产融合作，是通过建立银企交流机制，强化信息交流共享，促进金融资源向实体经济企业集聚的有效途径，有利于提高金融资源配置效率，有利于实现产业与金融协调发展、互利共赢，有利于推进制造强国和网络强国建设
2016年3月	《中华人民共和国国民经济和社会发展第十三个五年规划纲要》	完善金融机构和市场体系，促进资本市场健康发展，健全货币政策机制，深化金融监管体制改革，健全现代金融体系，提高金融服务实体经济效率和支持经济转型的能力，有效防范和化解金融风险
2016年5月	《国务院关于深化制造业与互联网融合发展的指导意见》	选择一批重点城市和重点企业开展产融合作试点，支持开展信用贷款、融资租赁、质押担保等金融产品和服务创新。鼓励金融机构利用"双创"平台提供结算、融资、理财、咨询等一站式系统化金融服务，进一步推广知识产权质押，创新担保方式，积极探索多样化的信贷风险分担机制

时间	名称	相关内容
2016年8月	《国务院关于印发降低实体经济企业成本工作方案的通知》	鼓励实体经济企业将符合条件的经营性资产证券化,或通过金融租赁、融资租赁方式盘活存量资源
2017年2月	《证监会修订发布〈发行监管问答——关于引导规范上市公司融资行为的监管要求〉》	上市公司申请再融资时,除金融监管问答类企业外,原则上最近一期期末不得存在持有金额较大、期限较长的交易性金融资产和可供出售金融资产、借予他人款项、委托理财等财务性投资的情形
2017年3月	《中国人民银行 工业和信息化部 银监会 证监会 保监会 关于金融支持制造强国建设的指导意见》	指出要高度重视和持续改进对"中国制造2025"的金融支持和服务,着力加强对制造业科技创新、转型升级的金融支持
2017年7月	《第五次全国金融工作会议解读:推动实体经济的健康发展》	金融要把为实体经济服务作为出发点和落脚点,全面提升服务效率和水平,把更多金融资源配置到经济社会发展的重点领域和薄弱环节
2017年10月	《习近平:决胜全面建成小康社会 夺取新时代中国特色社会主义伟大胜利——在中国共产党第十九次全国代表大会上的报告》	深化金融体制改革,增强金融服务实体经济能力,提高直接融资比重,促进多层次资本市场健康发展
2017年12月	中央经济工作会议	打好防范化解重大风险攻坚战,重点是防控金融风险,要服务于供给侧结构性改革这条主线,促进形成金融和实体经济、金融和房地产、金融体系内部的良性循环
2018年4月	《中国人民银行、中国银行保险监督管理委员会和中国证券监督管理委员会 关于加强非金融企业投资金融机构监管的指导意见》	要求非金融企业依法依规投资金融机构,立足主业,审慎经营,隔离风险,避免盲目扩张和脱实向虚。同时尊重各类产权,鼓励扎根于为实体经济服务的金融创新,让非金融企业和金融机构都能从真实合规的投资行为中受益,实现经济金融健康可持续发展

时间	名称	相关内容
2018年4月	《国务院办公厅 关于全面推进金融业综合统计工作的意见》	完善大国金融数据治理，有效支持货币政策决策、宏观审慎管理和金融监管协调，守住不发生系统性金融风险的底线，不断提升金融服务实体经济的能力和水平
2018年6月	《中共中央、国务院 关于完善国有金融资本管理的指导意见》	国有金融资本是推进国家现代化、维护国家金融安全的重要保障，是我们党和国家事业发展的重要物质基础和政治基础。国有金融机构是服务实体经济、防控金融风险、深化金融改革的重要支柱，是促进经济和金融良性循环健康发展的重要力量
2019年2月	《中共中央办公厅、国务院办公厅 关于加强金融服务民营企业的若干意见》	通过综合施策，实现各类所有制企业在融资方面得到平等待遇，确保对民营企业的金融服务得到切实改善，融资规模稳步扩大，融资效率明显提升，融资成本逐步下降并稳定在合理水平，民营企业特别是小微企业融资难、融资贵问题得到有效缓解，充分激发民营经济的活力和创造力

资料来源：作者根据2007年之后相关政策内容手工整理所得。

扩散，主要发展中国家、发达国家经济出现衰退，世界经济受到严重冲击，国际金融危机对我国经济的负面影响已日益加剧，外部需求急剧萎缩，工业增幅下滑，投资增长后劲不足，就业日益严峻，财政收入增幅大幅回落，经济下行势头明显。为应对国际金融危机的严重冲击，我国实行了积极的财政政策和适度宽松的货币政策，并采取了进一步扩大内需促进经济增长的十项措施，取消对商业银行信贷规模限制，合理扩大信贷规模，加大对重点工程建设和灾后恢复重建、"三农"和中小企业、技术改造、兼并重组和过剩产能向外转移以及节能减排和发展循环经济等的信贷支持。这直接使得我国的金融化倾向在2008年经济危机之后明显加剧（陈享光和郭祎，2016）。

此后在2012年12月，中国证监会发布《上市公司监管指引第2号——上市公司募集资金管理和使用的监管要求》，允许上市公司使用闲置募集资金购买安全性高、流动性好的投资产品，包括固定收益类的国债、银行理财产品以及其他投资产品等，这在很大程度上引起实体企业金融化程度在2012年之后明显地提高。

2017年2月，为防止将募集资金变相用于财务性投资，中国证监会发布《关于引导规范上市公司融资行为的监管要求》，指出"上市公司申请再融资时，除金融监管问答类企业外，原则上最近一期期末不得存在持有金额较大、期限较长的交易性金融资产和可供出售金融资产、借予他人款项、委托理财等财务性投资的情形"。2017年全国金融工作会议指出，"金融要把为实体经济服务作为出发点和落脚点，全面提升服务效率和水平，把更多金融资源配置到经济社会发展的重点领域和薄弱环节"。至此，我国相关政策开始由提倡、鼓励实体企业参与金融业务逐渐向引导实体企业务实主业、避免脱实向虚的方向转变。

与此同时，由于部分民营企业面临着融资难、融资贵的困境，直接导致了民营企业被动金融化的困境。为了实现各类所有制企业在融资方面得到平等待遇，确保对民营企业的金融服务得到切实改善，2019年2月，中共中央办公厅、国务院办公厅印发了《关于加强金融服务民营企业的若干意见》，有效缓解民营企业融资难、融资贵问题，促进经济社会平稳健康发展。

（4）金融化适度性的界定

金融可持续发展理论认为，金融可持续发展就是对金融资源的长期合理开发和利用。其中，金融资源合理开发和利用的标准是经济与金融发展相互之间的协调程度，超越经济发展要求的金融资源开发和利用，是对金融资源的滥用和浪费；滞后于经济发展的金融资源开发和利用，则是对金融资源的开发不足和另一种形式的浪费（白钦先，2000）。该理论同样适用于微观企业，首先企业金融化行为本质上即企业对金融资源的长期开发和利用，而金融化适度性则是指股东价值实现与企业金融化行为相互之间的协调程度。具体地，当企业对于金融资源的开发与利用超越了企业可持续发展的要求、背离了企业实现股东价值最大化的目标，则是对金融资源的滥用与浪费，即表现为过度金融化，此时可以通过减少开发与利用的程度提高企业金融化适度性；而当其开发与利用的程度未达到企业可持续发展的要求、未实现股东价值最大化，则是对金融资源的开发不足，此时即使其利用程度未达到最佳阈值，然而开发与利用金融资源的行为本身会为企业可持续发展、增加股东价值带来益处，我们称之为适度金融化，而通过加大开发与利用的程度可以进一步提高企业金融化适度性。

发达国家在经济发展的进程中普遍经历了金融不断深化的过程，并从中受益。然而，在实体资本与金融资本不断地强化与深化之后，其有序扩张的均衡将逐渐被打破（谢家智等，2014b），进而不可避免地陷入金融危机，阻碍经济发展。因此，金融化在从无到有、自低向高的发展进程中，面临着由适度金融化转向过度金融化的危机。其中，适度金融化与过度金融化两种情形即金融化适度性的具体表现形式。

从企业的角度来看，其金融化水平是否适度需要根据自身规模、投资机会、融资渠道以及企业成熟度等多个因素进行综合判断。相对于企业目前情况而言，当企业实际金融化水平与目标金融化水平相适配时，其金融资产规模能够与企业现有资源相匹配、金融投资项目变现能力较强、面临的金融风险控制在企业可承受范围内，这可以为企业其他投资提供融资保障，使企业经营与发展从中受益，为适度金融化。而当企业实际金融化水平大于目标金融化水平，其金融资产规模过大、金融投资项目周期过长、企业面临的金融风险过大，进而导致企业经营与发展受阻，则为过度金融化。具体地，企业实际金融化水平与目标金融化水平的契合程度越高，则表明其金融化适度性越优；而如果企业实际金融化水平与目标金融化水平的差距越大，则表明其金融化适度性越差。

1.2.2　企业创新

经济学中创新的概念最早起源于美籍经济学家熊彼特的《经济发展概论》一书。他认为创新是生产体系中一种新的生产要素和生产条件的"新结合"。它包括引入一种新产品，引入一种新的生产方法，开辟一个新的市场，获得原材料或半成品的一种新的供应来源以及新的组织形式。企业创新是企业管理的一项重要内容，是决定公司发展方向、发展规模、发展速度的关键要素。从整个公司管理，到具体业务运行，企业的创新贯穿在每一个部门、每一个细节中，并涉及组织创新、技术创新、管理创新、战略创新等多个方面，但其最直接地体现在 R&D 活动中。因此，在本书的研究中，企业创新主要通过 R&D 投入和专利产出来体现。

1.2.3　宏观经济政策

宏观经济政策是微观企业行为与产出的先行指标，是微观企业决策不可控的外部环境因素，主要是指国家在一定时期内，按照宏观调控目标的要求而制定的组织、调节、控制经济活动的行为规范和准则。宏观经济政策是建立在市场机制作用基础上的，并同市场运行变量有内在联系的经济范畴，是国家宏观调控经济运行、保障市场经济健康发展的重要工具。经济运行的复杂性与调控目标的综合性，决定了宏观经济政策在现实中总是表现为互相联系、取长补短的政策所组成的政策体系，这一政策体系包括财政政策、货币政策、产业政策、价格政策、收入分配政策等。在众多政策中，财政政策与货币政策会直接影响到企业的投资决策与融资水平，进而影响到企业金融化与创新二者间的关系，因此参照 Rochon（2012）、钟凯等（2017）等学者的研究，本书选择财政政策和货币政策作为宏观经济政策的主要内容进行研究，具体地，参照朱永明等（2018）等学者的研究，以企业所获得的政府补助水平作为财政政策的衡量指标，并参照祝继高和陆正飞（2009）等学者的研究，以货币政策宽松度作为货币政策的衡量指标。

（1）政府补助

《企业会计准则第 16 号——政府补助》规定，政府补助是指企业从政府无偿取得货币性资产或非货币性资产。其具有经济资源来源于政府和无偿性两个特征，这意味着当企业获得政府补助时，其取得来源于政府的经济资源，且不需要向政府交付商品或服务等对价。政府补助主要有财政拨款、财政贴息、税收返还和无偿划拨非货币性资产四种形式。其中，财政拨款通常是无偿拨付但拨款时明确规定用途的资金，包括企业由于安置职工就业而获得的奖励款项，由于购建固定资产、技术改造等而获得的财政部门拨付的专项资金，以及获得的用于开展研发活动的经费等。财政贴息则主要指的是根据国家宏观经济形势和政策目标，政府为扶持某特定的领域或区域发展而给予承贷企业银行贷款利息的补贴，包括直接拨付给受益企业和拨付给贷款银行两种形式。税收返还是政府以税收优惠形式向企业返还的税款，但除税收返还外，其他形式的税收优惠并不属于政府补助的范围。无偿划拨非货币性资产则主要指行政划拨天然起源的天然林和土地使用权等。

在以上四种形式的政府补助中，只有当企业获得直接拨付的财政贴息或政府按照相关规定税收返还时，它才能够自由支配。而若是其他形式的政府补助，企业则无法直接获得政府补助款项或获得款项后必须按照指定用途使用。在本书的研究中，政府补助的四种形式均包括在内。因此在对其进行影响机理分析时，本书将其分为可自由支配款项和不可自由支配款项两种情形分别进行了论述，分类依据主要如上所述。

（2）货币政策宽松度

货币政策也就是金融政策，是指中国人民银行为实现其特定的经济目标而采用的各种控制和调节货币供应量和信用量的方针、政策和措施的总称。货币政策的实质是在不同时期的经济发展情况下国家通过采取"紧"、"松"或"适度"等不同的政策趋向对货币的供应进行调控。因此，货币供应量是货币政策的主要调节对象，通过对货币供应量的调节能够对利率和信贷水平产生影响，进而影响到总需求，以达到实体经济中供需均衡的理想状态。

根据对总产出的影响，可将货币政策分为扩张性货币政策（积极货币政策）和紧缩性货币政策（稳健货币政策）两类。在经济萧条时，中央银行采取措施降低利率，由此引起货币供给增加，刺激投资和净出口，增加总需求，称为扩张性货币政策。反之，经济过热、通货膨胀率太高时，中央银行采取一系列措施减少货币供给，以提高利率、抑制投资和消费，使总产出减少或放慢增长速度，使物价水平控制在合理水平，称为紧缩性货币政策。在本书的研究中，货币政策宽松度主要是指企业所处的货币政策环境，当中央银行采取扩张性货币政策时，货币政策宽松度较高；当中央银行采取紧缩性货币政策时，货币政策宽松度较低。

1.3 研究目标、内容与框架

1.3.1 研究目标

本书的研究目标在于从适度性甄别视角对企业金融化与创新的关系进行深入的分析和研究，并进一步探究宏观经济政策在二者关系间的调节效应，从而弄清企业金融化与创新二者间的关系，以及宏观经济政策在二者关系中所发挥的政策效应。具体包括以下三个方面：

其一，剖析理论基础，构建甄别模型，并通过甄别模型的拟合对样本数据的金融化适度性进行甄别，为本书后续研究奠定计量基础。

其二，弄清楚金融化与创新二者间关系在不同适度性情形下的动态变化，揭示金融化助推或挤出创新的影响机制与传导路径，以及金融化主动性在其中发挥的微观调节作用，为企业进行金融资产配置与创新活动决策提供理论依据。

其三，进一步从宏观经济政策角度考虑财政政策和货币政策在二者关系中的调节作用，明晰政府补助和货币政策宽松度对企业金融化与创新关系的调节作用机理，为政府部门通过优化相关政策宏观调控金融化与创新提供理论支撑。

1.3.2 研究内容与章节安排

（1）研究内容

本书以2007—2017年沪深A股上市公司为研究样本，考虑到过度金融化与适度金融化时企业金融化对创新影响的机制有所不同，构建相应的模型对企业金融化适度性进行甄别；在此基础上，分别就过度与适度金融化的情形下，对企业金融化与创新的关系进行理论分析与实证检验；最后，探究不同适度性情形下财政政策和货币政策对企业金融化与创新关系的影响机理，明晰经济政策对企业金融化与创新关系的影响。本书主要包括以下内容：

首先，考虑到过度金融化与适度金融化时企业金融化对创新影响的机制有所不同，构建相应的模型对企业金融化适度性进行甄别。金融化是指通过金融技术和金融工具的持续创新，非金融企业减少实体经济投资而增加金融资产投资的趋势（Demir，2009a；戴赜等，2018）。其本质在于资本脱离了实体经济的生产与交换，而直接通过金融系统实现资本增值与资本积累（鲁春义和丁晓钦，2016）。由于各个企业其自身状况不一，不能以统一标准一概而论，而应结合企业自身特征寻找其金融化配置合理的度，因此本书在构建理论逻辑框架的基础上，构建相应的模型对企业金融化是否适度以及适度（过度）的程度进行了测量，并对金融化适度性甄别结果进行了分析与检验。

其次，分别就过度与适度金融化的情形，对企业金融化与创新的关系进行理论分析与实证检验。为了考察企业金融化适度性与创新二者关系的动态变化，在对企业金融化适度性进行甄别的基础上，从过度金融化和适度金融化两方面分析和检验了企业金融化适度性与创新之间的一般关系，探究了企业金融化适度性对创新影响的传导机制，并从企业性质、企业生命周期和主业增长水平三个方面进行了基于企业金融化主动性的进一步研究。

在此基础上，探究不同适度性情形下政府补助对企业金融化与创新关系的影响机理。政府掌握了许多关键性资源，在一定程度上替代市场机制进行资源配置（陈信元和黄俊，2006），政府补助就是政府通过财政激励政策对企业进行资源配置的重要表现之一。作为财政政策的重要组成部分，政府补贴为企业创新投资提供了重要的融资支持，尤其是对于存在资金困境的公司，政府补助进入企业有利于缓解企业过度金融化所造成的创新融资约束（康志勇，2013），使企业能够充分使用政府创新补助持续创新，从而缓解过度金融化对创新的挤出效应。因此，本书在研究金融化适度性对创新影响的机制与路径的基础上，检验了政府补助对二者关系的调节效应，并进一步检验了政府补助与金融化主动性对二者关系的交互调节作用。

最后，探究不同适度性情形下货币政策宽松度对企业金融化与创新关系的影响机理。货币政策是国家宏观调控的另一重要手段，通过与财政政策的相互配合起作用，但比财政政策更具灵活性。当企业处于宽松货币政策时期，企业宽松的融资环境为企业进行灵活的资源配置提供了便利，考虑到资本成本与调整成本，企业会将资源优先配置于资本成本与调整成本低的金融项目，导致宽松的货币政策环境，进而加剧了过度金融化对创新的挤出效应。因此，本书在研究金融化适度性对创新影响的机制与路径的基础上，检验了货币政策宽松度对二者关系的调节效应，并进一步检验了货币政策宽松度与金融化主动性对二者关系的交互调节作用。

（2）章节安排

本书按照"研究价值—研究机会—研究基础—研究发现—研究总结"的顺序安排了各章节的研究内容，具体如下：

第1章，绪论。本章主要介绍了本书的选题背景与研究意义，对金融化适度性、企业创新和宏观经济政策等核心概念进行了界定，阐述了本书的研究目标和内容、研究思路和方法以及研究创新等内容。

第2章，文献综述。本章通过对企业金融化的含义与测度研究、企业金融化与创新的关系研究和企业金融化与创新关系的影响因素研究进行梳理，发现已有研究成果的不足，找到本书研究的切入点，为本书的后续研究奠定理论基础。

第3章，企业金融化适度性甄别模型的构建与运用。本章主要对非金融企业金融化适度性进行界定，梳理构建甄别模型所需的理论基础，构建相应的模型对企业金融化是否适度以及适度（过度）的程度进行测量，并对甄别结果进行分析与检验，为后续的研究奠定数据基础。

第4章，企业金融化适度性与创新。本章实证研究了企业金融化适度性与创新的一般关系，探究了企业金融化适度性对创新影响的传导路径，并进一步考察了企业金融化主动性给二者关系带来的异质性，为后续的宏观调控研究奠定了理论与实证基础。

第5章，企业金融化适度性、政府补助与创新。首先，本章根据第4章中企业金融化适度性对创新影响的三条传导机制，对政府补助在二者关系中产生影响的可能性进行了分析，并在此基础上考虑到政府补助可自由支配和不可自由支配两种情形，对政府补助对企业金融化适度性与创新关系的影响进行了假设推演和验证。然后，本章进一步考察了企业金融化主动性的微观调节与政府补助的宏观调节在企业金融化适度性与创新二者关系中的交互调节作用。

第6章，企业金融化适度性、货币政策宽松度与创新。首先，本章根据第4章中企业金融化适度性对创新影响的三条传导机制，对货币政策宽松度在二者关系中产生影响的可能性进行了分析，并在此基础上考虑到企业创新高资本成本和高调整成本的存在，对货币政策宽松度对企业金融化适度性与创新关系的影响进行了假设推演和验证。然后，本章考察了企业金融化主动性的微观调节与货币政策宽松度的宏观调节在企业金融化适度性与创新二者关系中的交互调节作用。

第7章，结论、建议与展望。本章通过对本书的研究工作进行回顾，总结了研究发现，就企业、投资者和政府部门提出了有针对性的政策建议，并分析了本书可能存在的研究局限，对下一步的研究进行了展望。

本书章节安排的具体结构如图1-2所示。

1.3.3　理论框架

基于前述对相关核心概念的理解，借鉴已有学者的观点，本书将企业金融化概括为非金融企业减少实体经济投资而增加金融资产投资的趋势。并基于金融可持续发展理论，认为企业金融化行为即企业对金融资源的长期合理开发和利用，而金融化适度性则是指股东价值实现与企业金融化行为相互之间的协调程度，主要有过度金融化与适度金融化两种表现形式。

同时，本书选择财政政策和货币政策作为宏观经济政策的主要内容进行研究，并以企业获得的政府补助和货币政策宽松度作为相应的衡量指标，主要有以下原因：其一，宏观经济政策能够对企业的金融化和创新行为产生重要影响。一方面，政府颁布相关经济政策是促使金融化形成的重要原因，而金融化的快速发展又不断促使经济政策进行调整（Rochon，2012）；另一方面，宏观经济政策作为企业制度环境的重要组

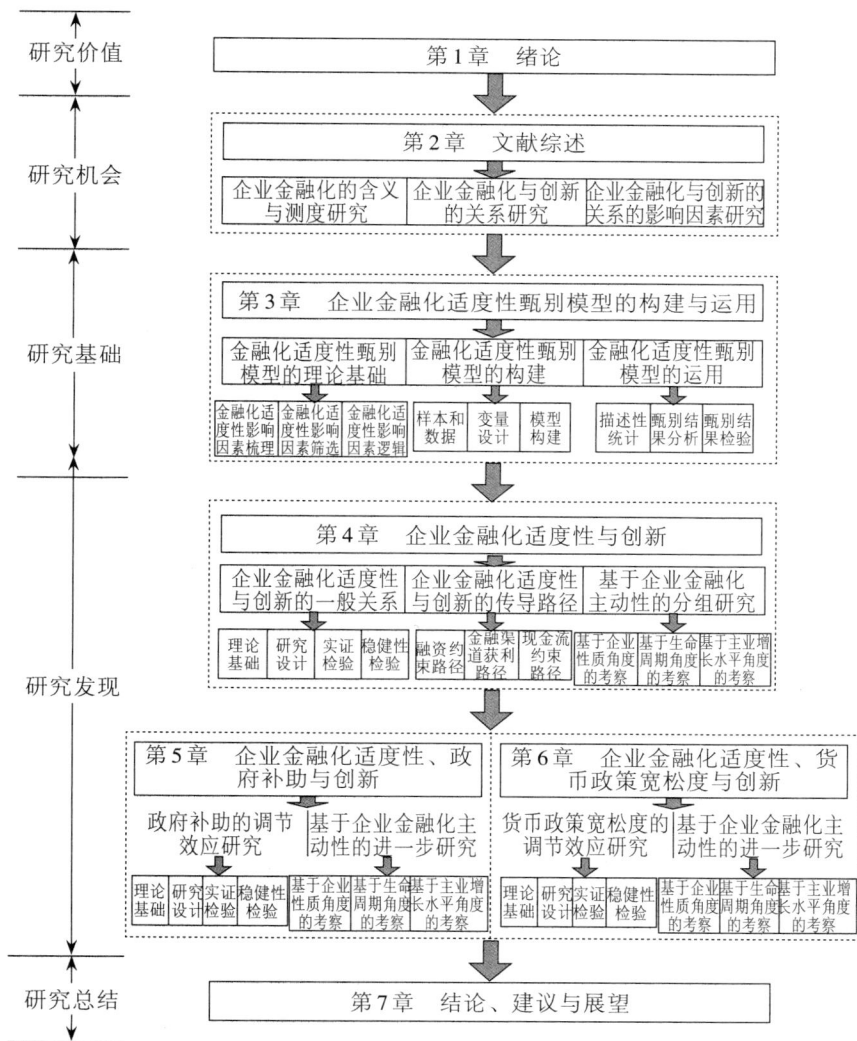

资料来源：作者使用 VISIO 软件绘制所得。

图 1-2　章节安排图

成部分，也能够对企业创新行为产生影响（钟凯等，2017）。其二，财政政策和货币政策在我国宏观经济政策体系中占有主导地位（王一鸣，2018）。如 2019 年 2 月，习近平总书记在中共中央政治局第十三次集体学习时指出要注重在稳增长的基础上防风险，强化财政政策、货币政策的逆周期调节作用，确保经济运行在合理区间，坚持在推动高质量发展中防范化解风险。①再如2019年3月，李克强总理在政府工作报告中李克强总理指出，2018年间为了实现创新和完善宏观调控，经济保持平稳运行，坚持实施积极的财政政策，坚持实施稳健的货币政策。②由此可见，财政政策和货币政策在我国宏观经济政策体系中的重要性。其三，政府补助和货币政策宽松度作为财政政策和货币政策的衡量指标对企业金融化与创新二者间关系的影响更为直接和有效。在我国投资持续下滑的趋势下，宏观经济问题的关键在于能否真正稳住投资（中国人民大学中国宏观经济分析与预测课题组，2018）。而相对税收优惠而言，政府补助提供给企业可用于投资的资金更加直接；相对货币政策波动性而言，货币政策宽松度对企业投融资环境的影响也更加直观。因此，政府补助和货币政策宽松度会更加直接和有效地影响到企业投资与融资水平，进而对企业金融化与创新二者间的关系产生影响。③

此外，在本书的研究中，企业创新主要通过R&D投入和专利产出来体现。

在上述研究范畴下，本书的研究框架中主要包括四部分内容：其一，在研究核心关系之前，首先对金融化适度性进行甄别，主要包括基于金融可持续发展理论对金融化适度性进行概念界定和基于股东价值理论对甄别模型进行构建并运用两部分，这是解决后续问题的研究基础。具体内容见第3章。其二，基于内生增长理论和企业投融资理论，将企业金融化适度性与创新二者间的关系作为研究核心，来回答过度金融化和适度金融化对创新的影响有何不同的问题。其中，为了更加清晰地描述过度金融化和适度金融化如何对创新产生影响，进行了企业金融化适度性与创新二者关系的路径研究及金融化主动性对二者关系的微观调节机制检验，为后续研究奠定理论与实证基础。具体内容见第4章。其三，基于资源配置理论，将政府补助对企业金融化适度性与创新二者间关系的宏观调控机制作为研究重点之一，来回答财政政策如何有效作用

---

① 张敏彦. 推动金融业高质量发展，习近平这样部署 [EB/OL]. [2019-02-24]. http://www.xinhuanet.com/politics/xxjxs/2019-02/24/c_1124156143.htm.
② 李克强. 第十三届全国人民代表大会第二次会议政府工作报告 [EB/OL]. [2019-03-05]. http://www.gov.cn/zhuanti/2019qglh/2019lhzfgzbg/index.htm.
③ 除了政府补助与货币政策宽松度外，其他宏观经济政策也有其研究价值，此处只为点明本书变量选取的初衷。

于企业金融化适度性与创新二者间关系的问题。具体内容见第5章。其四，基于资本成本理论，将货币政策宽松度对企业金融化适度性与创新二者间关系的宏观调控机制作为另一研究重点，来回答货币政策如何有效作用于企业金融化适度性与创新二者间关系的问题。具体内容见第6章。图1-3描绘了本书研究的理论框架。

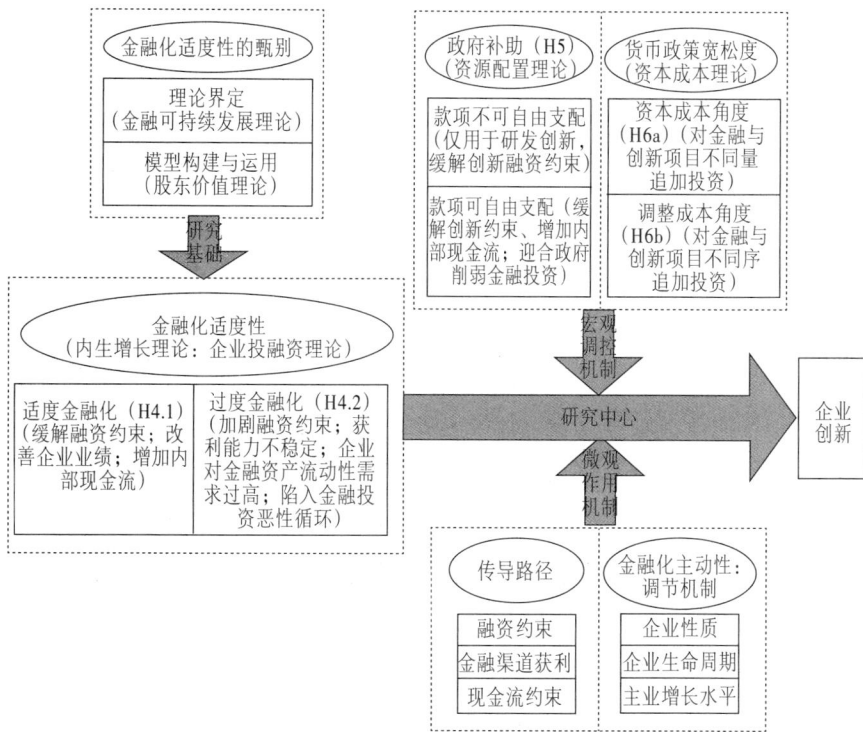

资料来源：作者使用VISIO软件绘制所得。

图1-3　理论框架图

1.4　研究思路与研究方法

1.4.1　研究思路

本书的研究思路具体如图1-4所示。

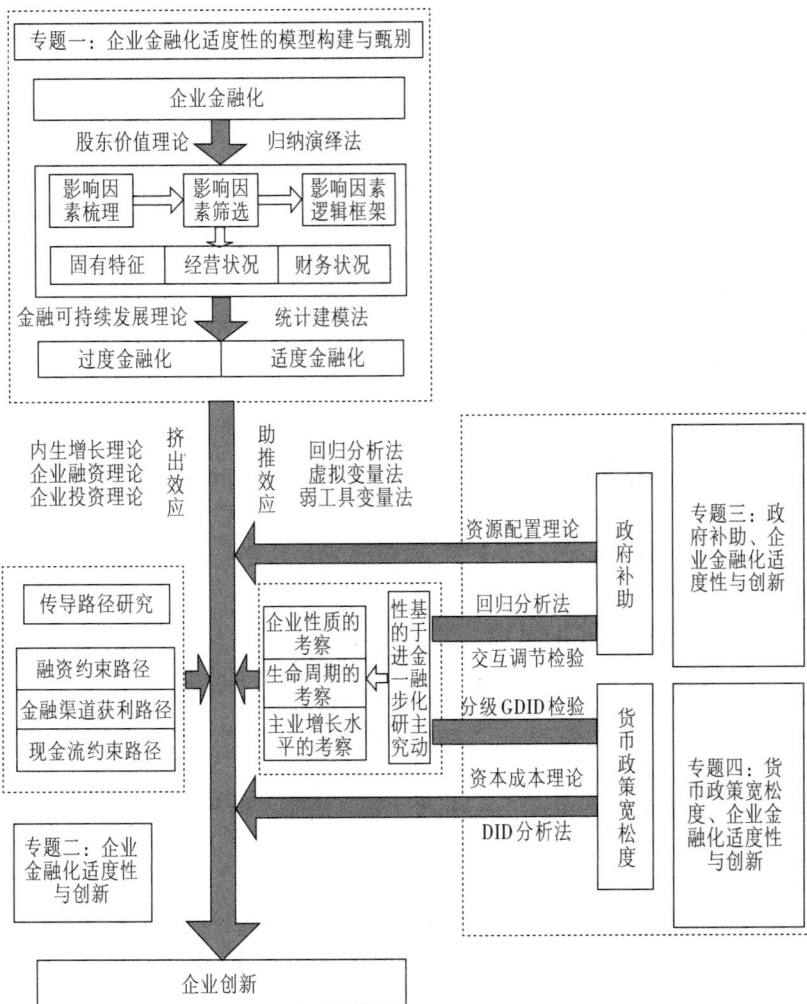

资料来源：作者根据研究设想使用 VISIO 软件绘制所得。

图 1-4　研究思路图

1.4.2　研究方法

总体而言，本书在研究方法上注重规范研究与实证研究相结合，并强调宏观环境与微观企业的有机互动。首先以金融可持续发展理论为基础，以股东价值最大化为逻辑起点对企业金融化适度性进行理论上的阐释与实证上的甄别。在此基础上，从微观视角对企业金融化适度性与创新二者关系的作用机制和传导路径进行分析，并从宏观视角对宏观经济政策在二者关系中的政策效应发挥进行理论推演与实证检验，从而最终实现本书的研究目标。具体来看：

在文献研究中，本书从相关数据库、书籍、文件等搜集宏观经济政策、企业金融化与创新的相关文献，对相关文献进行梳理，从金融化的定义与测量、企业金融化与创新关系研究及企业金融化与创新关系的影响因素研究等方面对现有文献进行综述，确定本书的研究问题。

在规范研究中，本书在梳理企业金融化动因与影响因素的基础上，以股东价值最大化为逻辑起点推理筛选出关键因素集，为金融化适度性甄别模型的构建奠定理论基础，并运用相关理论找到宏观经济政策、企业金融化适度性与创新三者之间关系的逻辑机制，为实证研究奠定理论基础。

在实证研究中，本书构建了金融化适度性甄别模型，并采用回归分析等方法对研究假设进行了检验。首先，由于本书的研究设计中需要对金融化适度与否进行判断，因此构建金融化适度性甄别模型对目标金融化水平进行拟合，测算实际金融化水平与目标金融化水平间的差距，据此对企业金融化适度性进行判断。然后，本书采用面板数据回归分析对金融化适度性和创新的关系进行检验，揭示企业金融化适度性与创新的非线性关系以及在不同适度性情形下金融化与创新关系的动态变化；并采用调节效应模型对政府补助、企业金融化适度性与创新之间的关系进行分析，探究政府补助对企业金融化适度性与创新关系的调节作用，以及政府补助与金融化主动性在二者关系中的交互调节作用。最后，本书采用双重差分模型对货币政策宽松度在企业金融化适度性与创新二者关系中的调节作用进行回归分析，采用倾向值匹配与双重差分相结合的方法对货币政策宽松度的调节作用进行稳健性检验。此外，在路径研究中采用中介效应模型，稳健性检验中用到虚拟变量法、结构突变检验、近似外生工具变量法等方法。

1.5　研究创新

本书可能的研究创新在于：

（1）构建模型对企业金融化适度性进行甄别，为金融化相关研究提供新的测度方法。已有学者对企业金融化进行了定义，并对金融化水平进行了度量。本书拟在计量金融化水平的基础上，构建模型对企业金融化适度性进行甄别，以根据企业自身情况识别其金融化是否过度并测算其非适度金融配置的程度，为金融化相关研究提供新的测度方法。

（2）分别探究不同适度性情形下金融化对创新的作用机理，为二者关系的研究提供了新的视角和思路。任何事物都具有两面性，金融化也是如此。其一方面会占用企业资源，限制企业其他方面的投资；另一方面又在创造价值，帮助企业积累财富以支持企业其他方面的运转。因此对于其"度"的把握格外重要。本书区别于已有文献中直接将金融化定性为过度，而是在对金融化适度性进行甄别的基础上，分别从过度与适度两方面对企业金融化对创新的作用机理进行分析与推演，为二者关系的研究提供了新的视角和思路。

（3）本书对不同适度性情形下企业金融化与创新关系间的传导机制进行了分析，并对融资约束、金融渠道获利和现金流约束三条路径进行了检验，为宏观政策调节作用的发挥提供了理论分析基础；同时，本书从金融化主动性的角度发掘金融化适度性与创新关系的微观层面影响因素，考虑了金融化主动性对二者关系的调节作用，为二者关系的研究挖掘了新的微观影响因素，并为后续的宏微观良性互动研究提供了实证基础。

（4）从宏观经济政策层面发掘企业金融化与创新关系的影响因素，拓展了宏观经济政策与微观企业行为之间的互动关系研究范畴。在企业金融化与创新动态关系的研究基础上，深入探讨政府补助与货币政策宽松度对金融化与创新关系的调节效应以及政策效应发挥与金融化主动性的交互调节作用，从宏观政策层面发掘企业金融化与创新关系的影响因素，拓展了宏观经济政策与微观企业行为之间的互动关系研究范畴。

第 2 章　文献综述

    2008 年美国最早爆发金融危机并迅速蔓延至各国，使发达经济体的金融体系受到了广泛关注，并引起了一大批学者对金融部门的持续扩张以及政府部门所采取的一系列政治手段展开了丰富细致的研究。本书基于适度性甄别的视角，以对企业金融化与创新二者间的动态关系以及宏观经济政策在二者关系中所发挥的政策效应进行研究为主要目的，因此本章主要从以下三个方面对金融化与创新研究的相关文献进行综述：一是企业金融化的含义与测度研究；二是企业金融化与创新的关系研究；三是企业金融化与创新关系的影响因素研究。从而为本书的后续研究奠定理论基础。

2.1　企业金融化的含义与测度研究

    20 世纪 90 年代以来，企业金融化作为经济金融化的重要表现之一（Krippner，2005），开始引起国内外学者的广泛关注。

2.1.1 企业金融化的含义研究

自20世纪90年代开始，"金融化"一词被广泛使用，国外先后有Krippner（2005）、Epstein（2005）和Palley（2007）等诸多学者对其进行了定义。其中，Epstein（2005）和Palley（2007）的观点较为类似，认为金融化是指在经济运行中金融市场、金融机构和金融人员的影响力逐步提升的过程，这使得金融部门在整个经济体系中越来越重要，财富和收入从实体部门不断转移至金融部门，进而拉大了实体与金融部门的收入差距。金融化表现为金融渠道逐渐替代生产贸易领域成为利润获取的重要来源，包括金融投资收益的增加以及通过利息、股息支付和股票回购等方式不断将收入转移到金融市场中（Krippner，2005）。而国内学者则普遍使用"虚拟经济"概念代替"金融化"，强调金融化是脱离实体经济独立运行、自我增值部分，是经济的货币化过程（王广谦，1996；刘骏民，2003；成思危，1999；李晓西和杨琳，2000；王璐，2003；蔡则祥等，2004；徐丹丹和王芮，2011）。

"企业金融化"一词源自金融化概念，是金融化概念的一种延伸。随着金融化研究的不断深入，部分学者开始关注到微观层面的企业金融化。在国外，从金融资产和金融收益的角度，企业金融化被定义为企业部门金融资产的持有量不断增加，金融资产在总资产中的占比不断升高，企业商品制造流通逐渐被金融市场活动取代的倾向（Dore，2002）。其主要表现在两个方面：一是非金融企业参与金融投资占比增加，且参与金融机构活动和金融交易量都大幅增加；二是金融收益不断增长，企业积累利润的方式越来越依赖于金融渠道（Arrighi，1994；Orhangazi，2006；Demir，2009a）。也有学者从股东价值最大化的角度，认为企业金融化的主要原因在于企业经营目的由利润再投资、扩大生产规模向缩减员工、股东价值最大化的转变（Lazonick和O'Sullivan，2000），使其不再仅仅局限于由实体经营获得利润，而会为了实现股东价值最大化积极参与证券投资获取短期利益（Stockhammer，2004）。因此将企业金融化定义为：为了股东价值的实现而导致的企业管理或投资行为的重大改变，如股东价值在经济决策中重要性的不断提升、投资组合中金融资产占比的增加以及公司治理结构的转变等（Froud等，2000；Williams，2000；Lazonick和O'Sullivan，2000）。

在国内，从资产构成角度，戴赜等（2018）认为，企业金融化主要指企业在资产配置中更多地将资源配置在金融资产上，并将企业金融化定义为非金融企业减少实体经济投资而增加金融资产投资的趋势。王红建等（2016）和杜勇等（2017）等学者也持有类似观点。从利润来源与使用角度，张慕濒和诸葛恒中（2013）认为非金融部门的金融化主要表现在：一是非金融部门以金融而非产品作为利润的主要来源及主要用途；二是公司采用分红、股份回购甚至并购的方式将盈利用于增加股东回报。结合以上两种观点，蔡明荣和任世驰（2014）认为企业金融化从行为的角度看，是指企业更多地将资源配置在资本运作上，资产更多地从传统的生产经营活动转向投资；从结果的角度看，是指企业开始追求单纯的资本增值，其利润更多地来源于投资和资本运作而非生产经营活动。此外，崔超（2016）将企业金融化定义为企业经营管理中金融活动、金融机构和金融技能重要性的日益增加，并将其划分为资产金融化、股权结构金融化和管理层金融化三个方面。而李援亚（2012）则针对粮食产业的特殊性，认为粮食企业金融化主要表现为企业更易受到金融业的利率、汇率等因素的影响，甚至金融市场在一定程度上会决定其业绩表现。

总之，目前关于企业金融化的定义并未达成共识。已有研究者主要基于企业金融化的后果表现和发展根源从金融资产与收益和股东价值两个角度对企业金融化进行了定义。但对已有定义进行梳理会发现，从金融资产与收益角度进行的定义主要基于企业金融化的后果表现，而基于股东价值角度的定义则主要基于企业金融化的发展根源，二者并不矛盾，但相比之下前者所形成的定义则更加直观且便于理解和测量。而具体到金融资产和收益角度，资产构成所反映出的金融化行为将直接导致企业权益构成和利润分配的变化，因此从资产角度对金融化进行定义已经能够在一定程度上反映出其他定义中所涵盖的内容。基于此，本书借鉴Demir（2009a）和戴赜等（2018）等学者的定义，认为企业金融化即非金融企业减少实体经济投资而增加金融资产投资的趋势。

2.1.2 企业金融化的测度研究

已有研究对企业金融化的测度主要从以下各方面进行：

有学者从资产负债表中金融资产及金融权益变动的角度对企业金融化进行了描述和测度。Crotty（2003）选择了税前、税后利润与企业市价之比，非住宅固定资产投资，净投资与总产出比率，金融企业与非金融企业利润之比，所有部门短期信贷市场总债务与 GDP 之比，总投资、金融资产净购入与内部基金之比，信贷市场债务与企业净值之比，企业内部基金中净金融负债比，纽交所股票年度换手率，企业净利息支付、股利分配、股票回购、金融市场总支付、总投资收益与现金流量之比，金融市场总支付与净利息加现金流量之和之比，金融资产、总金融资产扣减杂项金融资产与有形资产之比，其他杂项金融资产与总金融资产之比等 20 个指标对企业金融化进行了测度，并验证了美国企业金融化程度不断加深的总体趋势。类似地，Orhangazi（2008）从金融资产占有形资产比重、利息和股利收入占内部基金的百分比、总金融支付占税前利润的百分比、非住宅固定资产净投资年度百分比变化、金融资产占所有资产比重、利息和股利收入占总增加价值的比重、利息支付占总增加价值比重、持有的净基金占资本支出百分比、净权益发行占资本支出百分比等角度衡量了非金融企业的金融投资行为，并实证检验了金融投资对实体投资的挤出效应。在此基础上，Demir（2009a）将金融化的特征概括为实体企业短期金融资产净增加、固定资产投资率降低和金融资本回报率增长超过固定资本投资回报率的增长，运用金融资产/固定资产比率、金融利润/销售净额比率、真实固定资产投资净额等指标，实证检验了发展中国家实体企业的金融化随着国家风险、不确定性、波动性和实际利率的增加是不断加深的。Krippner（2005）、张慕瀓和诸葛恒中（2013）使用证券收入占企业利润总额的比值以及企业的固定资产投资行为，将我国与美国的金融化状况进行了对比分析。还有学者主要从资金来源的角度通过企业运用债务构成、股票发行及新增借款等三个方面对美国非金融上市公司金融化进行了研究（Palley，2007）。我国学者多沿用 Kliman 和 Williams（2015）以及 Seo 等（2016）的测度方法，从金融资产构成角度对企业金融化进行衡量，只是对于金融资产的范围界定略有争议。谢家智等（2014a、2014b）、宋军和陆旸（2015）等将上市公司金融资产持有比例作为描述金融化程度的指标度量企业的金融化水平；王红建等（2016、2017）除了使用金融资产占比指标外，还用是否配置金融资产的虚拟变量对实体企业金融化进行测度；刘贯春（2017）则从金融资产占比与金融渠道获利两个方面对金融资产配置进行测度。总之，该类的金融化测量有二：资产（或负债）构成（Orhangazi，2008；Demir，2009a；Kliman 和 Williams，2015；Seo 等，2016）和金融收益（或金融支出）（Crotty，2003；Stockhammer，2004；Krippner，2007；Palley，2007）。

也有学者从股东价值取向的角度对企业金融化行为进行了解释和测度。Stockhammer（2004）最早对股东价值取向下的金融化与企业投资间的关系进行了分析，其中选用了非金融企业的寻租收益作为企业金融化的测度指标，即以非金融企业利息和股息收入占行业价值增加额的比重来捕捉管理层获取金融利润的价值倾向。此外，在行业层面，Van Treeck（2008）选用了股息支付、Mason（2015）选用了公司贷款和股东支付（股息支付和股票回购）对美国的股东价值倾向下的金融化进行了测量。在微观企业层面，Orhangazi（2008）用与股本相关的金融收益（利息收入和股息收入）以及金融支付（利息付款、股息付款和股票回购）对企业金融化水平进行了测度。而 Davis（2017）则以年均股票回购占股权的比重对股东价值取向下的企业金融化进行了测量。总之该类的金融化测量有三：一是非金融企业的金融支付（Orhangazi，2008）；二是股东支付（Van Treeck，2008；Mason，2015）；三是将股东价值倾向等价于企业金融收益的增加（Stockhammer，2004）。

总体而言，在企业金融化定义的基础上，已有的测度指标从两个方面涵盖了对企业金融化的理解：一方面在资产负债表中金融化分别体现在了资产构成的金融化和权益构成的金融化；另一方面企业金融化行为同时体现在了股东价值倾向所导致的投融资战略的转变。然而已有测度方法中仍然存在三方面的问题：一是事实上，资产构成所反映出的金融化行为将直接导致企业权益构成和利润分配的变化，因此从一定程度上企业金融渠道获利是企业金融资产配置的直观表现。二是股东价值最大化的公司治理观能够在一定程度上解释企业金融化战略转变的根源，然而从测度的角度会发现其测度指标及方法与前者的指标构成非常类似甚至难以区分①。三是虽然目前已有诸多学者提供了丰富的金融化测度方法，但究竟如何对企业金融化水平是否适度进行识别？目前尚未发现相关研究成果。因此，在企业金融化含义界定的基础上，本书选取金融资产配置水平作为金融化水平的测度基础，将金融渠道获利作为企业金融化经济后果研究的传导机制之一进行研究，解决金融资产配置与金融渠道获利的因果相关问题；其次本书先测算企业实际金融化水平，再构建适度性甄别模型测算企业金融化的适度性，从而对企业金融化的适度与否进行判断，从而解决企业金融化适度性甄别的问题；最后本书以股东价值最大化作为企业金融化适度性甄别模型的理论基础对模型中的关键变量进行选择和重组，从而使金融化适度性能够同时反映出企业金融化所导致的资产负债表与股东倾向的变化，并保证了金融化指标的简洁非重复。

2.2 企业金融化与创新的关系研究

2.2.1 企业金融化与创新关系的研究论点

目前已有学者发现了企业金融化与创新二者间有系统的关系，然而关系走向究竟如何却仍存在分歧。

有学者认为企业金融化与创新为负相关关系，并从两个角度对二者间的影响机制进行了剖析。一是从资产负债表的变化角度。部分学者认为金融化对实体投资具有负向影响（Stockhammer，2004；Demir，2007、2009a、2009b；Orhangazi，2008；Van Treeck，2008）。首先，在企业的投资组合中，金融资产的增加伴随着实体资产的减少通常意味着金融投资取代或挤出了实体投资（Crotty，2003），从而使企业资源配

① 由于该类指标与资产负债表中的指标构成非常类似甚至难以区分，因此在后述对金融化指标进行梳理和选择时将其进行了合并处理，并未单独列出（详见第3章）。

置及经营重心从实业经营转向金融领域（Epstein，2005；Orhangazi，2008；Kotz，2009）。此外，公司外部融资结构的转变、非金融企业金融利润和金融市场支付的增长等也能够在一定程度上反映出企业的金融化倾向，并导致了实体投资减少（Davis，2016；Krippner，2005；Orhangazi，2008）。已有研究表明，企业股东价值倾向下的金融化行为通过减少企业内部资金和对长期规划的关注而挤出企业研发投资，而增加的金融投资和套利机会通过影响管理层激励而挤出企业的研发投资（Seo等，2012；Akkemik和Ozen，2014），削弱企业创新能力。国内也有学者发现了金融化对创新的挤出效应。如谢家智等（2014a）实证发现，制造业过度金融化抑制了技术创新能力，而政府控制进一步放大了金融化对创新的消极影响，该研究将制造业金融化的影响扩展到了微观企业中。晋盛武和何珊珊（2017）从产权异质性角度考察了企业金融化、高管股权激励与研发投资的关系并发现，非货币金融资产持有比例与研发投资呈负相关关系，且高管股权激励能弱化二者间的负向关系。许罡和朱卫东（2017）考虑到企业金融化动机和市场竞争程度的异质性，研究发现公司金融化与研发投资强度显著负相关，且长期投资型金融化的研发投资挤占效应比短期投机型金融化更显著；此外，市场竞争对金融化的研发投资挤占效应也具有一定的调节效应。

二是从股东价值倾向的角度。自20世纪80年代以来，股东价值最大化已经成为一种日益占主导地位的公司治理理念（Lazonick和O'Sullivan，2000；Fligstein，1990）。股东意识形态对企业投融资战略选择的变化起到了主导作用，从而使得企业从"留存再投资"向"裁员高分红"的策略转变（Lazonick和O'Sullivan，2000）。股东价值最大化的治理理念源于代理理论，该观点认为管理层利益与股东利益的紧密结合能够通过管理层股权激励等方式提升企业绩效（Jensen，1986；Jensen和Murphy，1990）。然而在金融化的相关研究中却证实了股东价值倾向所导致的金融化行为会加深管理层对每股收益等财务指标过多的关注，从而促使短视行为的发生，给企业带来不利的影响（Stockhammer，2004；Davis，2017；Stout，2012）。Stockhammer（2004）从股东价值取向的角度发现了寻租收益与资本积累间的负相关关系，并将股东价值倾向的作用机制归于企业金融化的重要表现之一。同样地，Orhan-gazi（2008）也指出金融利润与企业投资间的关系在一定程度上反映出了股东价值导向，因为较高的金融利润通常能够反映为"不耐烦的财务"（Crotty，2003）和短视行为（Orhangazi，2008）。同样地，Davis（2017）也发现了股东价值倾向下的企业金融化会对实体投资产生负向影响。

有学者则认为企业金融化与创新为正相关关系。首先，金融化对实体投资具有助推效应（Kliman 和 Williams，2015；Davis，2017），并通过多条路径为企业创新提供资金支持。一是随着金融的不断繁荣，金融利润份额的增长能够增加企业的总利润，从而为公司再投资提供更多资金（Panitch 和 Gindin，2005）。二是根据内生增长理论，产业资本金融化实质上作为一种短期投资，可以拓宽融资渠道，提高融资效率及融资能力（Bonfiglioli，2008；Gehringer，2013），有利于融资约束瓶颈的破除，这无疑会增加企业的实业投资水平（Ang，2010；Arizala 等，2013），且能够为企业创新投入融资。资本市场通过长效激励、分散风险和共享机会等方面为技术创新提供支持，促进企业创新行为的长期化、稳定化和持续化（Tadesse，2002），并促进经济增长。

也有学者认为，金融化与创新间的关系走向具有动态特征，甚至能够在挤出效应与助推效应间相互转化。如 Davis（2017）发现企业金融化的不同特征所表现出的影响机制并不相同，金融资产配置和实体投资之间呈现正相关关系，而股东导向则表现为负面影响。王红建等（2017）从市场套利的视角探究了实体企业金融化与创新之间的关系，发现整体上实体企业金融化挤出了创新；进一步检验发现二者间呈现出非线性关系，当实体金融化程度超过23%时，企业金融化表现出促进创新的趋势。郭丽婷（2017）与王红建的研究发现较为相似，发现制造业企业金融化会挤出创新；然而，随着企业经营业绩的不断提高、企业融资约束的不断缓解，金融化对创新的挤出效应逐渐变为蓄水池效应（即助推效应）。刘贯春（2017）从金融资产占比和金融渠道获利两方面考察了金融资产配置对企业研发创新的影响以及在不同类型企业之间的异质性，发现前者承担着"蓄水池"的功能，而后者则扮演着"替代品"的角色。

还有学者认为创新是金融化与主业业绩关系间的传导介质，金融化通过挤出创新从而损害了企业主业业绩。如杜勇等（2017）在研究金融化与企业未来主业业绩之间的关系时发现，企业创新在二者的关系中起到了传导的作用，金融化降低了企业的创新以及实物资本投资水平，进而部分传导至对实体企业未来主业业绩的影响，导致金融化的挤出效应大于蓄水池效应，从而损害了企业的未来主业业绩。

总体而言，国内外学者对于金融化与创新这一论题的研究内容有所不同，学术观点也并不一致。国外学者的相关研究主要以探究企业金融化与实业投资之间的关系为主要目的，集中于对企业金融化与实体投资之间的替代效应是否存在进行了广泛、深入的讨论并得出了不同的学术论点，而少有学者系统地、有针对性地对金融化与创新之间的关系进行研究；国内学者则直接对企业金融化与创新间的关系进行了剖析，探究企业金融化与创新之间究竟是挤出效应还是助推效应，然而具体关系走向究竟如何却并不明朗。

2.2.2 企业金融化与创新关系的研究逻辑

目前关于企业金融化与创新的研究主要有两类思路（见表2-1）。

部分学者直接以检验二者间的负相关关系为目的展开。如 Seo 等（2012）在对金融化与创新之间的关系进行研究时，将其影响路径划分为二：一是金融市场支付对研发投资的阻碍作用，主要通过股息支付和股票回购降低内部资金和对长期规划的关注实现；二是金融投资水平及金融投资机会对研发投资的挤出效应，主要通过影响管理层激励实现。且进一步纳入亚洲金融危机的宏观调节变量发现，金融危机加剧了金融化进程对企业研发投资的消极影响。谢家智等（2014a）在研究过程中主要探讨了过度金融化与创新，以及政府补助在二者关系中的影响，并进一步考虑了注册地和企业性质所导致的政府控制程度的差异性。王红建等（2016）将金融化归于短期套利行为并以此作为逻辑起点，以金融化与创新的关系研究为主要线索展开，对市场竞争和融资约束等前置因素以及经营业绩和资本投资等后置因素进行了延展研究，并对其中的行业利润率差距、市场化进程等调节机制进行了检验。晋盛武和何珊珊（2017）则在金融化总体上挤出创新的基础上，考虑了企业性质和管理层激励在二者关系中的异质性，发现管理层激励会弱化二者间的挤出效应，且在国有企业中三者间的关系更显著。许罡和朱卫东（2017）则考虑了金融化方式和市场竞争在二者关系中的异质性，发现长期稳定型金融资产挤占创新投资，而市场竞争能够弱化其挤出效应。杜勇等（2017）则以探讨金融化与企业未来主业发展为目的，将创新作为金融化挤出企业未来主业业绩传导路径之一进行了研究，发现金融化的确降低了实体企业的创新，并且对高质量的发明专利降低效应更大。

表2-1　　　　　　　企业金融化与创新关系的相关文献研究逻辑

	自变量	研究逻辑	因变量
一、直接检验金融化对创新的挤出效应			
Seo等（2012）	金融市场支付；金融投资水平和金融投资机会	路径分析：一是内部资金和对长期规划的关注；二是管理层激励 调节机制：亚洲金融危机	企业创新
谢家智等（2014a）	金融资产占比	调节机制：政府控制 交互调节：注册地区、企业性质	企业创新
王红建等（2016）	是否金融化；金融资产占比	前置因素：市场竞争、融资约束 调节机制：行业利润率差距、市场化进程 交互调节：市场竞争压力	长期：企业创新、资本投资 短期：经营业绩
晋盛武和何珊珊（2017）	非货币金融资产占比	调节机制：金融化类型（长期投资型金融资产；短期交易型金融资产）、管理层激励 交互调节：企业性质	企业创新

续表

	自变量	研究逻辑	因变量
许罡和朱卫东（2017）	金融资产占比	调节机制：市场竞争 交互调节：金融化方式（短期交易型金融资产；长期稳定型金融资产）	企业创新
杜勇等（2017）	金融资产占比	路径检验：创新、实物资本投资 调节机制：货币政策、金融生态环境、企业性质	未来主业业绩
王红建等（2017）	是否金融化；金融资产占比	动机甄别：资金储备动机、市场套利动机 调节机制：盈利能力、是否是高新技术企业 后置因素：全要素生产率	长期：企业创新、资本投资 短期：经营业绩
二、探究企业金融化对创新究竟是挤出效应还是助推效应			
刘贯春（2017）	金融资产占比；金融渠道获利	调节机制：企业类型（包括企业规模；所有制；现金流；成长性等因素）	企业创新
郭丽婷（2017）	金融资产占比	调节机制：经营业绩、融资约束	企业创新

资料来源：作者整理所得。

　　也有部分学者以探究企业金融化究竟是挤出效应还是助推效应的思路展开。如王红建等（2017）围绕企业金融化动机究竟是资金储备动机还是市场套利动机展开，并且在甄别出金融化挤出创新主要源于套利动机的基础上进一步探讨了金融化对全要素生产率、经营业绩和资本投资的经济后果。刘贯春（2017）对不同类型企业中金融化对研发创新发挥了"蓄水池"功能还是"替代品"功能进行了考察，具体包括企业规模、企业性质、现金流和企业成长性等因素，发现金融资产占比更多是蓄水池效应，而金融渠道获利则更多是挤出效应。郭丽婷（2017）从经营业绩和融资约束异质性的角度对二者间挤出效应或蓄水池效应的动态效应进行了检验，发现总体上的挤出效应会随着经营业绩的提高和融资约束的降低而转变为蓄水池效应。

本节对金融化与创新关系已有文献的研究逻辑进行了梳理和归纳，如图2-1所示。

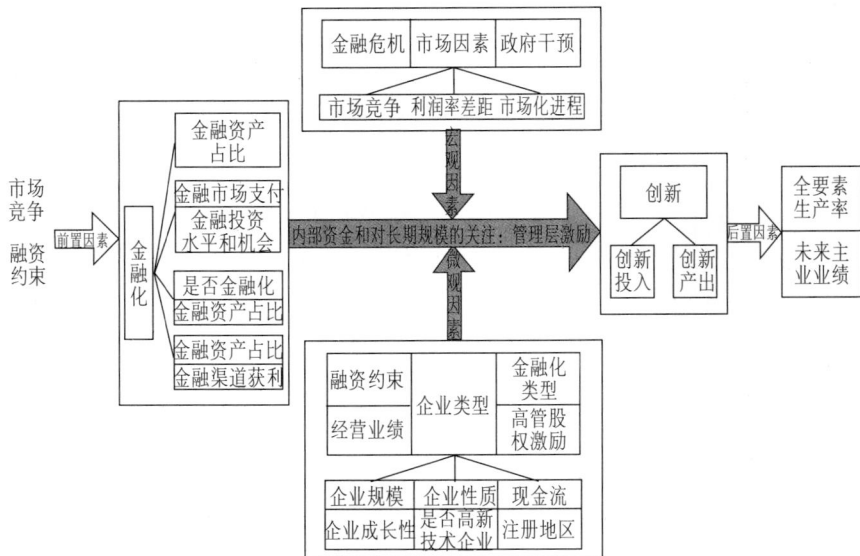

资料来源：作者根据文献梳理结果使用 VISIO 软件绘制所得。

图2-1 企业金融化与创新关系的研究逻辑图

2.3 企业金融化与创新关系的影响因素研究

目前，关于企业金融化与创新关系的影响因素研究主要包含了宏观因素和微观因素两大类。

2.3.1 宏观因素对企业金融化与创新关系的影响研究

目前关于企业金融化与创新关系的宏观因素研究主要包括以下方面：

（1）金融危机。Seo 等（2012）对韩国1994—2009年非金融公司金融化对研发投资的影响进行研究发现了不断深化的金融化与不断降低的研发投资间的负向关系，并进一步将研究样本分为1997—1998年亚洲金融危机前后，结果发现，金融化仅在危机发生后才对研发投资产生负向影响。

（2）政府干预。中国政府的干预政策对实体经济的稳定起到了至关重要的作用（赵建和章月明，2010）。有研究发现，制造业过度金融化与企业创新水平的提升呈负相关关系；且政府干预会进一步恶化企业金融化抑制创新的负面效应（谢家智等，2014a）。

（3）市场因素。市场因素主要包括市场竞争、行业利润率差距、市场化进程等。王红建等（2016）考虑了行业利润率差距、市场化进程对企业跨行业套利与创新的影响，发现金融化会抑制创新，但随着行业利润率差距的减小和市场化进程的不断推进，企业套利动机不断降低、抑制效应逐渐减弱。同时，市场竞争是企业金融化的驱动因素之一，市场竞争压力增大将会加强企业的套利动机，使其对创新的抑制效应更加显著。然而有学者的检验结果表明市场竞争并未加强其抑制效应，反而是市场竞争越激烈，更会激励企业进行研发创新，从而缓解金融化的挤出效应（许罡和朱卫东，2017）。

2.3.2　微观因素对企业金融化与创新关系的影响研究

目前关于企业金融化与创新关系的微观因素研究主要包括以下方面：

（1）融资约束与经营业绩。郭丽婷（2017）研究发现，金融化对创新投资的影响随着企业经营业绩水平和融资约束水平的不同呈现出动态变化。当企业经营业绩水平较低、受到的融资约束较大时，金融化挤出创新的作用更显著；而当企业经营业绩水平较高、所面临的融资约束较小时，金融化促进创新的作用则更显著。然而，王红建等（2017）并未发现金融化的蓄水池效应，他认为整体上实体企业金融化挤出了企业创新，这对于融资约束程度不同的公司两者间无显著差异，而套利动机也并未改变二者间关系的方向，只是表现为套利动机越强的企业，金融化挤出企业创新的效果越显著，而盈利能力越强的企业套利机会越少，且套利机会成本越高，金融化挤出企业创新的显著性越弱。

（2）金融化类型。许罡和朱卫东（2017）将企业金融化进一步细分后发现，长期投资型金融资产挤出研发投资的作用比短期交易型金融资产更突出。类似地，晋盛武和何珊珊（2017）对企业持有的金融资产分类后发现不同性质的企业、不同类别的金融资产，其挤出效应和弱化效应表现有所不同，金融化对创新的抑制作用以及股权激励在二者关系中的弱化效应在长期投资型金融资产上体现得非常明显，而在交易型金融资产上体现得不明显。

（3）高管股权激励。晋盛武和何珊珊（2017）通过考察高管股权激励对企业金融化与创新之间的关系，发现企业金融化会挤出创新，但高管股权激励能弱化二者间的负向关系。

（4）企业类型。刘贯春（2017）将企业划分为多个子样本进行研究发现，在规模相对较小、现金流水平较高、成长性较低以及私有企业中，金融资产占比对企业未来研发创新的促进作用更显著；在规模相对较小、现金流水平较低、高成长性较高以及私有企业中，当期金融资产变动对企业创新的抑制作用更显著；同时，在现金流水平较高、成长性较低以及私有企业中，金融渠道获利会显著抑制创新。相反地，谢家智等（2014a）、晋盛武和何珊珊（2017）等学者则得出了在国有企业中金融化对创新的挤出效应更显著的结论。此外，还有学者发现与高新技术企业相比，在非高新技术企业中金融化对创新的挤出效应更显著（王红建等，2017），注册地差异并未对二者关系产生质的影响（谢家智等，2014a）。

2.4　研究文献述评

通过上述文献回顾发现：首先，关于金融化的含义与测度研究，已有多位学者对企业金融化进行了定义，并从资产负债表和股东权益倾向两个角度对企业金融化进行了度量。其次，关于企业金融化与创新之间的关系研究，当前已有文献对二者间的关系进行了研究，普遍得出了企业金融化抑制创新即表现为挤出效应的结论；并且有学者进一步地考虑到了政府干预、市场化进程等外部因素对二者间关系的调节作用；同时也有学者考虑了融资约束与经营绩效、金融化动机、高管股权激励、企业类型等内部因素对二者间关系的调节作用，并在调节作用的基础上提出了金融化对企业创新的挤出效应可能会发生变化。上述研究为本书探究适度性甄别视角下企业金融化与创新之间的关系提供了良好的研究基础和理论借鉴。然而，在此研究背景下，关于企业金融化与创新的相关研究仍存在以下不足：

一是现有研究已经对金融化与创新之间的关系进行了研究，得出了整体上企业金融化抑制创新即表现为挤出效应，但随着企业类型、时期、财务状况等的不同也可能转化为助推效应的结论。然而，究竟为何二者关系呈现出不稳定的动态变化？本书认为根本上可能在于金融化适度性。目前学者多是直接将金融化定性为过度进行研究，尚未发现关于金融化适度性甄别的相关研究成果，且鲜有文献考虑到企业金融化适度性异质性所导致的金融化与创新关系动态变化的作用机制。本书通过构建模型对企业金融化投资适度与否进行判断，并分别考虑过度金融化与适度金融化两种情形，对不同金融化适度性与创新二者间的关系进行分析与推演。

二是现有研究主要对金融化与创新关系中的调节机制进行了揭示，仅有 Seo 等（2012）在逻辑推理的过程中对二者关系的传导路径进行了分析，然而也并未进行相应的实证检验。本书在揭示金融化适度性与创新动态关系的基础上，进一步探索了二者关系的中介因子，为本书后续的调节机制分析提供了理论与实证基础。

三是现有研究已经分析了政府干预、市场化进程等外部因素以及融资约束与经营绩效、金融化动机、高管股权激励、企业类型等内部因素对我国企业金融化与创新二者关系的影响，但事实上其内部因素可能是企业金融化水平是否适度的决定性因素，而外部因素则可能对金融化适度性及金融化与创新的关系进行调节。因此，本书引入财政政策和货币政策等宏观政策因素，对经济政策对企业金融化与创新关系的宏观调整进行分析与推演，揭示它们的影响路径和机理。

基于此，本书首先根据微观企业特征对金融化适度性进行甄别，并在此基础上将宏观经济政策、企业金融化和创新纳入同一分析框架，不仅能够从适度性甄别视角发掘金融化与创新关系动态变化的成因、机制和路径，而且能够从宏观政策层面为财政政策与货币政策如何作用于我国微观企业发展与创新提供相应的经验证据与理论借鉴。

第3章 企业金融化适度性甄别模型的构建与运用

3.1 金融化适度性甄别模型的理论基础

目前，对于企业金融化与投资行为解释最为充分的理论即股东价值论。自20世纪80年代以来，"股东价值最大化"已经成为一种日益占主导地位的公司治理思想（Lazonick 和 O'Sullivan，2000；Fligstein，1990；Davis，2009），尤其是企业从"留存再投资"向"裁员高分红"的策略转变与其股东意识形态密切相关（Lazonick 和 O'Sullivan，2000）。从这个角度来看，金融化是"股东革命"的结果，即股东为实现其价值要求更多的分红、股票回购等，由此带来公司金融活动的增长（Froud 等，2000；Lazonick 和 O'Sullivan，2000；Williams，2000）。因此，当企业存在金融化行为并由此对企业产生影响时，对于其金融化适度与否的判断应来自股东价值的实现程度。当企业的金融资产规模能够与企业现有资源相匹配、金融投资项目变现能力较强、面临的金融风险控制在企业可承受范围内时，金融化可以为企业其他方面的投资尤其是为常常面临融资约束的创新项目投资提供融资保障，进而有利于股东价值的提升，此时的金融化水平有利于股东价值最大化的实现，该行为是适度的；而当相对于企业目前情况而言，其金融资产规模过大、金融投资项目周期过长、企业面临的金融风险过大时，其金融化水平不仅不会提升股东价值反而易导致股东价值降低，此时的金融化违背了股东价值最大化的初衷，该行为是过度的。因此，本章以实现股东价值最大化作为金融化的最终目标对其金融化适度性进行甄别。

3.1.1 企业金融化适度性影响因素的梳理

对企业金融化水平的适度性进行甄别，首先需要明确企业金融化适度性的含义与动因，根据企业自身情况对企业合理、适度的金融化水平进行模拟，通过最优金融化水平与实际金融化水平的对比，判断适度性的具体情况。因此，在前述对金融化适度性含义进行解读的基础上构建甄别模型之前，首先应对企业金融化的动因及影响因素等进行梳理，找到企业金融化的决定性因素集，构建因素集与企业金融化和股东价值实现之间的逻辑传导关系，通过对因素集的调整来实现企业金融化水平最优，最终实现企业的股东价值最大化。

（1）企业金融化的动因分析

有学者从公司金融现金持有理论的角度对企业金融化进行了阐释，认为持有金融资产可视为公司现金储备行为，是公司基于交易性动机、预防性动机和投机性动机的需求（Keynes，1936），也称之为资金储备动机（王红建等，2017）。与实体投资相比，金融投资的变现能力较强。当企业面临财务困境或宏观经济不确定时，企业通过持有金融资产进行流动性储备，以防止现金流冲击带来的资金链断裂风险（Demir，2009b；胡奕明等，2017）。因此，在金融现金持有理论假说下，企业金融化更多地体现为通过缓解融资约束来缓解企业的流动性风险，从而有助于企业缓解财务困境，有益于实体经济的发展（戴赜等，2018）。

也有学者从企业资产配置理论的角度进行了论证，认为与实体投资相比金融投资收益率相对较高，在资本逐利规律的驱使下，当企业面对具有高额回报的金融资产投资机会时，会选择扩大投资规模以获得超额回报率，从而使金融投资逐渐替代了实体投资（Orhangazi，2008；Demir，2009b），表现为资本套利动机（王红建等，2017）。因此，在资产配置理论假说下，企业金融化更多地表现为一种短期套利行为，不断激增的金融投资会进一步推动资产价格的上涨，加剧投资回报差，恶化实体经济发展（Seo等，2012；Akkemik和Ozen，2014）。

已有学者对上述两方面的金融化动因进行了检验发现，资金储备动机下实体经济投资与金融资产投资应该呈现正相关关系，然而事实却并非如此（张成思和张步昙，2016）。这在一定程度上反映出了我国实体企业通过金融资产配置来获取高额利润的资本套利动机（王红建等，2017）。因此，获得超额回报可能是我国企业金融化的主要动机，而缓解融资困境是相对次要的动机（戴赜等，2018）。

（2）企业金融化的内生影响因素

首先，企业金融化受其个体固有特征的钳制。如金融衍生资产持有规模存在较强的规模效应（Mallin等，2001），且随着企业规模增大，非金融企业对金融资产和投资性房地产的持有比重都有所上升（江春和李巍，2013）；同时，相关研究也控制了企业上市的年龄、企业所处行业及年度对企业现金持有、金融资产配置等的影响（杨兴全和尹兴强，2018；邓超等，2017）。

其次，企业金融化受到公司经营理念、经营环境和经营状况的影响。有学者研究发现，多元化经营特征的企业更倾向于持有更多的风险金融资产（闫海洲和陈百助，2018），且在经营环境恶劣、竞争日益激烈的环境下，集团公司更易为了获得金融行业的超额回报而增加相应投资（胡振良，1999）。从总体来看企业盈利能力与其金融化水平正相关（Da Luz等，2015；张瑾，2013；张慕濒和孙亚琼，2014）。而将主业经营状况从中剥离进行研究，则发现主业经营状况对公司投资金融资产的配置的影响存在两个相反的效应（谢家智等，2014b；Da Luz等，2015）。宋军和陆旸（2015）以及邓超等（2017）等学者综合两种情况认为金融资产占比与企业的经营资产收益率呈U形关系，经营业绩较差和较好的企业都倾向于购置更多的金融资产，只是动因由资本套利转变成了资金储备。从长期来看，企业的成长机遇和发展能力也是影响非金融企业金融化的重要因素（Kim 等，1998；Opler，1999；张慕濒和孙亚琼，2014；张瑾，2013；江春和李巍，2013；谢家智等，2014b）。

再者，企业金融化与其财务状况紧密相关。一是企业的资产配置方向。公司持有金融资产是相对持有实业投资的替代投资（宋军和陆旸，2015），资本密集型企业尤其是处在价值链前端的企业更偏好金融化投资（张慕濒和孙亚琼，2014），因此有形资产抵押率能够部分解释企业持有的金融资产和投资性房地产的现象（江春和李巍，2013）。二是企业融资约束。我国金融结构的两个特征——银行主导和政府主导，导致融资约束对企业投资具有决定性作用（江春和李巍，2013）。有学者研究发现，非金融企业金融化受到内外部融资的双重影响。其中，内源融资对企业金融投资呈显著的正向影响（张慕濒和孙亚琼，2014）；而外源融资中有息流动负债率的提高推动了企业的金融投资行为，证实了企业借钱投资的可能（邓超等，2017），资产负债率低的公司倾向于持有较多的金融资产，企业财务杠杆越高金融投资规模越小（江春和李巍，2013），则说明了高财务杠杆导致的外源融资约束会抑制企业金融化。

此外，企业金融化受到公司治理观念和治理水平的影响。诸多学者认为股东价值最大化观念是推动非金融企业金融化的重要因素（Sen 和 Dasgupta，2018；Lazonick，2010；邓超等，2017）。此外，机构投资者参与公司治理、管理层过度自信、股权结构特征等驱动和强化了企业金融化（谢家智等，2014b；闫海洲和陈百助，2018），且公司治理水平较差的企业也更倾向于持有更多的风险金融资产（闫海洲和陈百助，2018）。

（3）企业金融化的外生影响因素

经济政策不确定性会对企业投融资决策产生诸多影响（张成思和刘贯春，2018），已有学者对宏观政策的不确定性如何影响企业金融化进行了多方面的论证。有学者认为，企业为了应对外部宏观政策的不确定性，可能选择与固定资产相比流动性较强的金融资产进行投资（Tornell，1990）。其原因有二：一是与宏观经济稳定运行时相比，宏观经济波动较大时，金融行业往往具有较高的超额回报率，企业会出于资本套利目的持有金融资产（江春和李巍，2013）；二是为了预防不确定性所带来的经营风险与资金困境，企业将出于资金储备动机增持金融资产（Ran，2010）。

但也有学者得出了相反的结论。如 Demir（2009b）发现，在相对稳定的宏观经济环境中，金融行业的快速发展使金融投资回报率不断上升，同时考虑到金融资产具有可逆性，退出投资的现金成本相对较低，促使企业相应增持金融资产。彭俞超等（2018）发现经济政策不确定性与企业金融投资呈负相关关系，且该抑制效应随着激烈的行业竞争会越发显著。其传导机制有二：一是不确定的经济政策环境会减少企业的资本套利机会，使企业相应地减少投资，进而抑制了企业金融投资（许罡和伍文中，2018）；二是宏观流动性水平越高、资本市场越繁荣，企业所持金融资产规模也越大。这就是说，宏观变量通过影响金融资产收益率和融资约束来影响企业所持金融资产规模（张瑾，2013）。

此外，会计计量属性的变更也会影响企业的金融投资（徐经长和曾雪云，2012）。

3.1.2　企业金融化适度性影响因素的筛选

首先，企业进行金融化主要源于资本逐利或缓解融资约束两方面的需求，经营状况较差或融资约束严重的企业其金融化动机会相对较强，因此除了企业的固有特征外，企业金融化主要会受到自身经营状况和财务状况的影响，对于企业决定性因素集的筛选应主要集中于企业固有特征、经营状况和财务状况三个方面。

其次，股东价值最大化是指通过财务上的合理经营，为股东带来最多的财富。由于概念清晰、便于量化，科学地考虑了资金时间价值与风险因素，而且在一定程度上能够克服企业在追求利润上的短视行为（事实上股票价格不仅会受到当期利润的影响，同时会受到预期未来利润的影响），将股东价值最大化作为企业财务管理目标具有一定的合理性（侯晓红和张艳华，2005）。在股份经济条件下，股票价格和股票数量共同决定股东价值。其中，股票价格代表投资群体对企业价值的客观评价，并通过每股价格来反映资本成本与获利能力之间的关系。其获利能力主要受两方面因素的共同影响：一是盈余的大小及获得盈余的时间；

二是企业风险的大小。因此，企业金融化行为主要由于企业的资本成本、盈利水平和变现能力以及风险等因素影响到企业股价，进而影响股东价值最大化目标的实现。在以股东价值最大化实现作为企业金融化的最终目标对金融化适度性进行甄别时，主要应从企业的资本成本、盈利水平、变现能力以及风险等角度综合考虑。

此外，金融化适度性模型的构建思想借鉴了 Richardson（2006）的残差度量模型。该模型选择了对企业投资影响稳定且重要的变量作为拟合目标投资水平的控制变量，包括投资机会、资产负债率、现金存量、企业成立年限、上市年龄、企业规模、股票收益率以及上期新增投资等。目前我国学者在对 Richardson 模型的应用过程中，有学者直接利用该模型对非效率投资进行了度量（杨华军和胡奕明，2007），也有学者对其进行了修正。如有学者替换了该模型中的企业增长机会、现金存量、股票收益率等变量（梅丹，2009；徐晓东和张天西，2009；王彦超，2009）；有学者删减了该模型中的上市年龄、股票收益率或上期新增投资等变量（张栋，2008；梅丹，2009；蔡吉甫，2009）；也有学者增加了销售收入（张栋，2008）等新的变量。因此，本章在对金融化适度性的影响因素进行筛选时，参考 Richardson（2006）及我国相关学者的变量设计，以选择对企业金融化水平影响稳定且重要的变量为目的构建模型。

根据上述筛选原则，本章选取以下变量作为甄别企业金融化适度性的重要影响因素：首先，由于企业规模和上市年龄能够从侧面反映出企业成熟度、投融资水平和公司治理等多方面的特征，因此选择企业规模和上市年龄等企业固有特征变量作为甄别企业金融化适度性的重要影响因素。其次，为了控制企业的经营状况，选择资产收益率来控制企业的当期盈利能力，并选择托宾 Q 值控制企业拥有的投资机会和未来的成长性。再者，为了控制企业的财务状况，在控制新增金融资产配置影响的基础上，一方面，从企业的资产配置方向角度引入企业资本密集度以控制实体投资对金融投资的替代效应；另一方面，从融资约束角度分别选用现金持有量控制企业金融资产配置的内源融资渠道和财务杠杆控制企业金融资产配置的外源融资渠道。最后，控制行业和年度对企业金融化的影响。①

本章选择的以上因素也基本涵盖了能够通过影响股价进而影响股东价值最大化目标实现的诸因素。其中，企业资本密集度和托宾Q值可以反映企业金融化的资本成本，由于实体投资与金融投资间具有替代效应，因此前者可以用来反映金融投资的替代成本；托宾Q值能够反映企业拥有的投资机会，因此后者可以用来反映金融投资的机会成本。现金持有量和财务杠杆可以反映企业金融化的风险，在预防动机假说下，企业持有现金是为了避免陷入财务困境，因此前者可以用来反映企业应对金融投资风险的能力；已有学者证实了企业金融化过程中的借钱投资行为，因此财务杠杆部分反映了企业金融化给企业带来的财务风险。资产收益率可以反映企业金融化的当期盈利能力（包括盈利水平和变现能力）。企业规模和上市年龄是通过影响股价进而影响股东价值最大化的企业固有特征变量，能够综合反映企业成熟度以及企业的融资、盈利和应对风险的能力，从而映射在企业金融化行为的资本成本、盈利水平和变现能力以及风险等诸因素上。

3.1.3　企业金融化适度性影响因素的逻辑框架

本章所选择的金融化适度性甄别变量在对企业金融化的甄别与股东价值最大化目标的实现过程中的逻辑关系如图3-1所示。

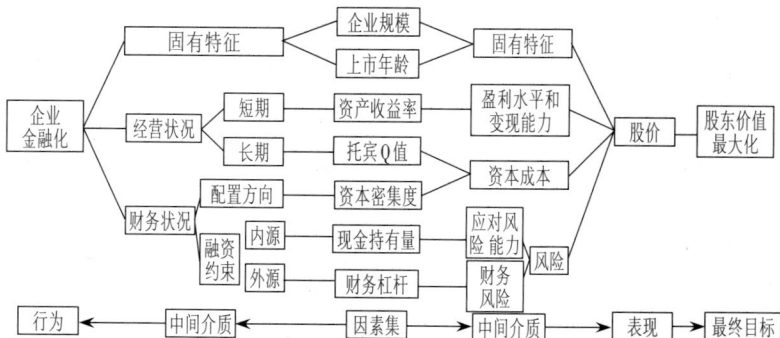

资料来源：作者根据研究设想使用VISIO软件绘制所得。

图3-1　金融化适度性影响因素逻辑框架图

---

① 本书并未选择企业金融化的公司治理方面影响因素和外生影响因素，主要是由于这两方面的影响效果并不稳定，在已有研究中其影响大小和方向均未得出一致性的结论。

3.2 金融化适度性甄别模型的构建

3.2.1 样本选择与数据来源

本章选取 2007—2017 年沪深 A 股非金融上市公司作为样本进行分析，在样本筛选过程中剔除了金融行业公司样本和主要变量观测值缺失的公司样本，最终获得 11 个年度共 20 385 个样本观测值[①]。为了减少离群值的影响，我们对所有连续型变量进行 1% 和 99% 分位的 Winsorize 处理。由于 2006 年发布的企业会计准则中关于资产的内容变动较大，因此本章选取 2007 年以后的样本作为观测值。数据来自 CSMAR 数据库，数据处理主要使用 EXCEL2010 与 STATA15.0 软件。

3.2.2 变量设计

（1）企业金融化适度性的变量设定

目前，"金融化"仍然是一个较为模糊的术语（Stockhammer，2004；Orhangazi，2008；Skott 和 Ryoo，2008；Fine，2013；Fiebiger，2016）。如 Orhangazi（2008）很宽泛地将金融化等价于非金融企业部门和金融市场之间关系的变化，而 Lazonick（2010）则主要对金融化从公司财务配置的角度加以解释，将每股收益等指标代替产品和服务来进行评估。学者对于金融化定义上的差异将导致如下问题：一方面，金融化涵盖了经济结构变化广泛且深远的发展历程，而这无法以某个先验指标对其所有可能影响的方面进行测量。因此，现在已有的一系列指标各自捕捉了金融化在不同方面的表现及其影响。另一方面，由于时间、国别以及经济环境的不同，即使是对同一现象进行阐释和分析，"金融化"这一术语也常常被学者赋予了不同的内涵和测度方法。这就意味着即使同样是对金融化的经济后果进行研究，仍然可能由于内涵与测度方法的不同而得出截然相反的结论（Davis，2017）。因此，对金融化适度性进

---

① 由于回归模型中存在滞后项，导致回归模型中样本量存在部分缺失。

行测度，首先应找到适合的金融化水平测度指标。

为此，本节对已有研究中金融化的测度指标进行了系统的整理（见表3-1）。通过梳理发现，已有文献主要从行业总水平和企业个体水平两个层面对金融化水平进行了测量，其中主要包括两类指标：一类是用金融资产配置以及由此带来的金融渠道获利来测量，包括金融资产、利息、股息和投资收益以及固定资产与金融资产收益率的差额等；另一类则是用非金融部门或企业对金融项目增加的支出或负债来测量，包括利息、股息、股票回购以及贷款等。而目前在我国相关研究中大多借鉴了Demir（2009a）的做法，以金融资产占比作为金融化的测度指标（谢家智等，2014a；王红建等，2017；刘贯春，2017）。因此，为了更加直接地对企业金融化水平进行观察，借鉴Orhangazi（2008）、Demir（2009a）、Kliman和Williams（2015）以及Seo等（2016）等学者的研究思路，采用谢家智（2014）、宋军和陆旸（2015）以及吴军和陈丽萍（2018）等学者的测度方法，以金融资产占比作为金融化水平的测度指标。

表3-1 金融化的测度方法

	金融化的测量指标	测量范围	分析层次
一、资产负债表中的资产类项目以及金融收益			
Stockhammer (2004)	非金融行业利息和股息收入占行业价值增加额的比重	德国（1963—1990）法国（1979—1997）英国（1971—1996）美国（1963—1997）	行业水平
Krippner (2005、2011)	利息、股息和资本或资本组合的投资收益占企业现金流的比重	美国（1950—2001）	行业水平
Orhangazi (2008)	金融收益（利息收入和净利润中的权益增加）占股本的比重和金融资产占总资产的比重	美国（1973—2003）	公司水平
Demir (2009a)	金融资产占总资产的比重和固定资产收益率和金融资产收益率的差额	阿根廷（1992.2—2001.2）墨西哥（1990.2—2003.2）土耳其（1993.1—2003.2）	公司水平

续表

	金融化的测量指标	测量范围	分析层次
一、资产负债表中的资产类项目以及金融收益			
Kliman 和 Williams（2015）	金融资产（证券投资和股利支付增加额）	美国（1947—2007）	行业水平
Seo 等（2016）	金融资产	韩国（1990—2010）	行业水平
Davis（2017）	总资产中的金融资产占总资产的比重和金融收益率（利息和股息收入）占金融资产的比重	美国（1971—2014）	公司水平
二、资产负债表中的负债类项目以及金融支出			
Orhangazi（2008）	金融支出（利息支付、股息支付和股票回购）占股本的比重	美国（1973—2003）	公司水平
Van Treeck（2008）	利息支付和股息支付占股本的比重	美国（1965—2004）	行业水平
Onaran 等（2011）	净股息、净利息和其他付款（租金收入）占 GDP 的比重	美国（1962年第2季度—2007年第4季度）	行业水平
De Souza 和 Epstein（2014）	非金融企业部门的净贷款（或减少外部资金的净使用）	美国（1947—2011） 英国（1991—2010） 法国（1971—2011） 荷兰（1980—2011） 德国（1995—2011） 瑞士（1995—2011）	行业水平
Kliman 和 Williams（2015）	股息支付	美国（1947—2007）	行业水平
Mason（2015）	公司贷款和股票支付（股息支付和股票回购）	美国（1971—2012）	行业水平
Seo 等（2016）	股息支付	韩国（1990—2010）	行业水平
Davis（2017）	每年各行业股票回购占股权的比重	美国（1971—2014）	公司水平

资料来源：作者根据Davis（2017）整理所得。

其次，在用金融资产占比对金融化水平进行测度时，需要确定金融资产范围。根据财政部发布的企业会计准则中的相关定义，对于企业来说资产主要分为两类：实体资产和金融资产。实体资产是指企业销售商品或提供劳务所涉及的那些资产，如固定资产、无形资产等，而金融资产则是利用经营活动多余资金进行投资所涉及的资产，指实体经营资产之外的，主要是金融市场提供的那些合约或产品，如票据、债券、股票、各类金融衍生产品等（胡奕明等，2017）。从统计的角度看，国民经济核算体系（SNA）对金融资产作了分类，具体包括货币黄金和特别提款权、通货和存款、股票以外的证券（包括金融衍生工具）、贷款、股票和其他权益、保险专门准备金以及其他应收或应付账款。然而，已有研究在具体的分析情境中对金融资产的范围界定产生了分歧。表 3-2归纳了当前我国学者在对金融化进行测度时所涉及的金融资产范围的界定方法。

表 3-2　　　　　　　**金融化测度中对金融资产范围的界定**

金融资产测度范围	来源
参照新旧企业会计准则使用以下公式来计算： 2002—2006 年间金融资产=货币资金+短期投资+应收利息+长期债券投资 2007—2014 年间金融资产=货币资金+金融衍生产品+短期投资+交易性金融资产+应收利息+买入返售金融资产+可供出售金融资产+持有至到期投资+长期应收款	胡奕明等（2017）
根据上市公司报表科目，金融资产主要包括货币资金、交易类金融资产、委托理财和信托产品、投资性房地产和持有金融机构的股权等大类	宋军和陆旸（2015）
考虑到上市公司对联营和合营企业投资的影响，将金融资产从广义和狭义角度进行了区分，认为广义金融资产包括货币资金、持有至到期投资、交易性金融资产、投资性房地产、可供出售金融资产、长期股权投资以及应收股利和应收利息，而狭义金融资产不包含长期股权投资	张成思和张步昙（2016）、刘贯春（2017）
根据企业的资产负债表，将交易性金融资产、衍生金融资产、发放贷款及垫款、可供出售金融资产、持有至到期投资、投资性房地产都纳入金融资产的范畴	杜勇等（2017）
交易性金融资产、衍生金融资产、短期投资净额、应收利息、应收股利、可供出售金融资产、持有至到期投资、买入返售金融资产、其他流动资产、扣除房地产行业的投资性房地产	吴军和陈丽萍（2018）

金融资产测度范围	来源
2007年之前金融资产=短期投资+长期债券投资+长期股权投资 2007年及以后金融资产=交易性金融资产+衍生金融资产+可供出售金融资产+持有至到期金融资产+长期股权投资	许罡和伍文中（2018）
将交易性金融资产、可供出售金融资产、持有至到期投资、发放贷款及垫款、衍生金融工具、长期股权投资、投资性房地产纳入金融资产的范畴	黄贤环等（2018，2019）

资料来源：作者根据相关文献内容手工整理所得。

从表3-2中可以看出，当前对金融资产范围进行界定时分歧主要在以下三个方面：

一是货币资金。有学者认为，尽管货币资金也属于金融资产，但经营活动本身也会产生货币（杜勇等，2017），从而容易将用于投资活动的货币与经营活动中的货币相混淆，因此应将货币资金剔除测度范围。然而根据相关准则的规定，货币资金主要包括库存现金、银行存款和其他货币资金，而其他货币资金又进一步包括外埠存款、银行汇票存款、银行本票存款、信用证保证金存款、信用卡存款、存出投资款等，这意味着货币资金是企业中最活跃、流动性最强的资金，是企业的重要支付手段和流通手段。货币资金可以满足金融资产的最大特征，即能够在市场交易中为其所有者提供即期或远期的货币收入流量，因此应当纳入金融资产的测度范围。

二是投资性房地产。有学者认为，投资性房地产一般都是固定资产、无形资产等经营资产变换用途产生的，其本质上还是经营资产，因此不属于金融资产的范畴。而也有学者认为，现代房地产越来越脱离实体经济部门，具有虚拟化特征（宋军和陆旸，2015），大量进入房地产的资金是用来投机炒作而非用于经营生产；且根据《企业会计准则第3号——投资性房地产》的定义，投资性房地产是指为赚取租金或资本增值或两者兼有而持有的房地产，它能较好地衡量实体企业房地产投资的情况（杜勇等，2017），因此应将其纳入金融资产测度范围。

三是长期股权投资。根据《企业会计准则第2号———长期股权投资》，长期股权投资主要包括对子公司投资、对合营企业投资、对联营企业投资和企业对被投资单位不具有控制、共同控制或重大影响，且在活跃市场中没有报价、公允价值不能可靠计量的权益性投资。首先，从资产特征来看，长期股权投资有着眼于长期、控制或重大影响，且除存在活跃市场价格外还包括没有活跃市场价格的权益性投资等特点，而金融资产则主要出于资本增值和获利的目的，且均为存在活跃市场价格或相对固定报价，因此长期股权投资不应当属于金融资产；而从本质属性来看，长期股权投资是以让渡企业部分资产而换取的另一项非流动资产，是企业在生产经营活动之外持有的非流动资产，且长期股权投资是一种以要求取得较多长期收益或利益权利为表现形式、有较高财务风险的资产，能够与可供出售金融资产等金融资产相互转换。因此，金融资产既然包括股权投资，那么也应当将长期股权投资纳入金融资产的测度范围。其次，考虑到实体企业对联营企业和合营企业进行投资的特殊情况，当上市公司投资一家非上市公司并达到重大影响时，从该上市公司个体的角度看该行为应属于企业金融投资的范畴，而从资金流向的角度看，该行为导致企业的资金流向了另一实体企业而非金融部门，则不应属于企业的金融资产。

本书中所涉及的金融资产主要是相对于实体资产而言的广义金融资产，因此将上述存在分歧的资产均纳入了金融资产的定义范围。参照 Arrighi（1994）、Demir（2009a）、张成思和张步昙（2016）、刘贯春（2017）以及中国的会计定义，本书研究范畴中的金融资产包含了货币资金、持有至到期投资、交易性金融资产、投资性房地产、可供出售金融资产、长期股权投资、应收股利和应收利息等。

最后，在确定金融资产范围、选择金融化水平测度指标的基础上，本章按照如下步骤对企业的金融化适度性进行了甄别：测算企业实际金融化水平——构建模型对目标金融化水平进行拟合——测算实际金融化水平与目标金融化水平间的差距——对企业金融化适度与否进行判断。

金融化适度性模型的构建思想借鉴了 Richardson 残差度量模型（2006）。该模型主要用实际投资率偏离期望投资率的程度来识别企业过度投资水平，这里的投资既包括企业的固定资产投资、创新投资，也包括企业的金融投资及其他类型投资。此方法最初被设计用来衡量企业投资效率，后被广泛应用于变量扭曲程度的测量。例如，陆正飞等（2015）、陈艳利和姜艳峰（2017）等借鉴该模型思想以实际负债率偏离目标负债率的程度来衡量企业的过度负债水平；郝盼盼和张信东（2017）将该模型延伸用来衡量固定资产投资扭曲程度及创新投资扭曲程度。该方法的原理是：首先选择对企业投资影响稳定且重要的变量作为拟合目标投资水平的控制变量，包括投资机会、资产负债率、现金存量、企业成立年限、上市年龄、企业规模、股票收益率以及上期新增投资等。在模型中，等号左边为实际投资增量，即模型的被解释变量；等号右侧为选取的控制变量和残差，其中，将模型进行拟合后控制变量所代表的部分即目标投资增量，残差即表示实际投资增量与目标投资增量的差额，由此来对企业投资效率做出判断。当二者差额大于零时为过度投资，反之则为投资不足。

由于不同企业所处的环境及自身情况各不相同，为了全面地考虑企业特征、行业及宏观环境等因素，本章借鉴该建模思想构建了金融化适度性甄别模型对各企业的目标金融化水平进行拟合，测算实际金融化水平与目标金融化水平间的差距，当实际金融化水平大于目标金融化水平时为过度金融化，反之为适度，二者间差距的大小表示适度（过度）的程度。

值得注意的是，在该方法中，其残差大于零被界定为过度投资，残差小于零被界定为投资不足，这主要是基于过度投资与投资不足的名词定义已被学者广泛接受的基础上。而在本书中，涉及的微观企业金融化适度性、企业过度金融化及适度金融化等名词虽借鉴了投资过度或不足的内涵和界定方法，然而为了更贴合本书的研究思路、实现后续的研究目标，我们对过度金融化和适度金融化的定义加入了自己的思想，即当企业适度金融化时，其金融资产规模能够与企业现有资源相匹配、金融投资项目变现能力较强、面临的金融风险控制在企业可承受范围内，这可以为企业其他方面的投资尤其是为常常面临融资约束的创新项目投资提供融资保障；随着企业金融化水平的持续加深，其将不断暴露出过度金融化的弊端，表现为相对于企业目前情况而言，其金融资产规模过大、金融投资项目周期过长、企业面临的金融风险过大等形式。在这样的前提下，我们可以对金融化适度性的分析由低向高同一方向进行，而非以零为界向左右两边延伸，这与我国企业近年来金融化大都不断加深（而不是部分企业金融化增加而部分降低）的发展状况相吻合，从而在表达时也更加顺畅，且研究结论展现出企业由适度金融化逐渐增加转变为过度时，企业金融化适度性与创新的关系由助推变为挤出，这样的结果将更易理解和实践。

此外，为了增强金融化适度性指标的完整性和可理解性，在金融化的测度指标中也设置了非效率金融化程度（A_Exfin）指标，以企业金融化适度性的绝对值来测量，该指标越大，则企业金融化过度或不足的程度越大。该指标的设置丰富了对金融化适度性的测量视角，不仅沿着我国金融化不断加深的发展趋势进行了由低向高的单向分析，也实现了由临界点向过度金融化和金融化不足两侧延伸的双向分析，使各指标的研究结论间相互印证，共同支撑后续研究的主要结论。

（2）控制变量的选择

经过前述的筛选过程，最终选取了稳定而可靠地影响企业目标金融化水平的因素并滞后一期作为该甄别模型的控制变量，具体包括以下内容：首先，为了控制企业固有特征的影响，相应控制了资产规模（Lnsize）和企业年龄（Listage）变量，其中，资产规模（Lnsize）以企业资产总额的对数值赋值，企业年龄（Listage）以观测年度与企业上市年度的差值赋值。其次，引入企业的资产收益率（Roa）和托宾Q值（Tbq）控制企业的盈利能力，其中，资产收益率（Roa）以净利润占年末总资产的比重赋值，用来反映企业的短期盈利能力；托宾Q值（Tbq）表示企业拥有的投资机会或未来的成长性，用来反映企业的长期盈利能力。再次，引入现金持有量（Cash）和资产负债率（Lev）控制融资渠道的影响，其中，现金持有量（Cash）以货币资金与年末总资产的比值赋值，用以识别企业金融资产配置的内源融资渠道；资产负债率（Lev）以总负债占资产总额的比重赋值，用以识别企业金融资产配置的外源融资渠道。最后，公司持有金融资产是相对持有实业投资的替代投资（Orhangazi，2008），因此模型中引入了企业资本密集度（Capint）以控制实体投资对金融投资的替代效应。此外，模型中还控制了上期新增金融资产配置对本期的影响。各变量的详细定义见表3-3。

类别	变量名称	变量符号	变量定义
因变量	金融化水平增量	Efin	本年度与上年度金融化水平之差
控制变量	资产规模	Lnsize	公司年末总资产的自然对数
	企业年龄	Listage	当年减去公司注册年加1并取自然对数
	资产收益率	Roa	当期净利润与年末总资产之比
	托宾Q值	Tbq	市值与年末总资产之比
	现金持有量	Cash	货币资金与年末总资产之比
	资产负债率	Lev	总负债与年末总资产之比
	企业资本密集度	Capint	固定资产与年末总资产之比
	行业	Ind	行业虚拟变量
	年度	Year	年度虚拟变量

注：各变量因进行了相应换算，均无量纲。

资料来源：作者整理所得。所有原始数据均来自CSMAR数据库。

3.2.3 模型构建

基于前述分析，本章构建模型（3-1）对各企业的最优金融化水平进行拟合，测算实际金融化水平与最优金融化水平间的差距，当实际金融化水平大于最优金融化水平时为过度金融化，反之为适度，二者间差距的大小表示适度（过度）的程度。据此对企业金融化适度性进行判断。

$$Efin_{it} = \lambda_0 + \lambda_1 Efin_{it-1} + \lambda_2 Lnsize_{it-1} + \lambda_3 Listage_{it-1} + \lambda_4 Roa_{it-1} + \lambda_5 Tbq_{it-1} +$$

$$\lambda_6 Cash_{it-1} + \lambda_7 Lev_{it-1} + \lambda_8 Capint_{it-1} + \sum Ind + \sum Year + \varepsilon_{it} \qquad (3-1)$$

企业实际金融化水平减去上述模型预测的目标金融化水平为正时即说明以企业目前自身情况来看企业在金融资产方面的配置过多，表现为过度金融化，该指标越大，表明企业过度金融化程度越高；为负时则说明企业目前的情况能够负担企业在金融资产方面的配置水平，表现为适度金融化，该指标绝对值越小，表明企业金融化程度越适度。

57
企
业
金
融
化
适
度
性
甄
别
模
型
的
构
建
与
运
用

3.3 金融化适度性甄别模型的运用

3.3.1 描述性统计

描述性统计结果见表3-4。其中，金融化水平增量（Efin）的均值为-0.01，标准差为0.10，最大值为0.77，最小值为-0.72，部分企业表现为减持金融资产，而部分企业则大幅增持金融资产，表明各样本公司的金融化调整策略差异较大，反映出企业金融化行为的波动性特征；金融化水平（Fin）的均值为0.25，标准差为0.16，最大值为0.80，最小值为0.03，表明各样本公司均不同程度地表现出金融化的迹象，甚至有个别样本公司的金融资产占到了总资产的80%，而有些样本公司的金融资产占比则仅为3%左右，各样本公司所采取的金融化策略存在较大差异，体现出对其适度性甄别的必要性。此外，研究区间内的上市公司样本的资产规模（Lnsize）均值为22.03，标准差为1.29，最大值为25.88，最小值为19.24；企业年龄（Listage）均值为2.17，标准差为0.71，最大值为3.18，最小值为0.69，反映出样本公司在企业固有特征上的差异性。资产收益率（Roa）均值为0.04，标准差为0.05，最大值为0.20，最小值为-0.19，表明有些样本公司的年度净利润达到了总资产的20%，而有些样本公司则表现出亏损的业绩状况；托宾Q值（Tbq）均值为2.23，标准差为2.01，最大值为12.00，最小值为0.22，反映了样本公司在长期发展上的差异性。现金持有量（Cash）均值为0.18，标准差为0.13，最大值为0.72，最小值为0.01，表明在有些样本公司中现金充当了企业内部融资的资金池，表现出明显的现金积累现象，其现金持有量达到了总资产的70%以上，而有些企业则仅持有1%的现金作为内部缓冲资金；资产负债率（Lev）均值为0.45，标准差为0.21，最大值为0.97，最小值为0.05，表明各样本公司的负债情况差异也较大，反映出样本公司在外部融资水平上的差异性。资本密集度（Capint）均值为0.23，标准差为0.17，最大值为0.74，最小值为0.00，反映出了各样本公司在资产配置偏好上的差异性。各公司的固有特征、经营状况和财务状况在一定程度上决定了企业的最优金融资产配置水平，映射出企业的金融化适度性。

表3-4 描述性统计

变量	样本数	均值	标准差	最小值	P25	P50	P75	最大值
Efin	20 385	−0.01	0.10	−0.72	−0.05	−0.01	0.03	0.77
Fin	20 385	0.25	0.16	0.03	0.13	0.21	0.34	0.80
Lnsize	20 385	22.03	1.29	19.24	21.11	21.86	22.78	25.88
Listage	20 385	2.17	0.71	0.69	1.61	2.30	2.77	3.18
Roa	20 385	0.04	0.05	−0.19	0.01	0.04	0.06	0.20
Tbq	20 385	2.23	2.01	0.22	0.92	1.65	2.81	12.00
Cash	20 385	0.18	0.13	0.01	0.09	0.15	0.24	0.72
Lev	20 385	0.45	0.21	0.05	0.28	0.45	0.61	0.97
Capint	20 385	0.23	0.17	0.00	0.10	0.20	0.34	0.74

注：P25、P50和P75分别表示1/4、1/2和3/4分位数。

资料来源：作者使用STATA软件统计分析所得。

3.3.2 甄别结果分析

首先，本节对2007—2017年共11个年度20 385个原始样本数据进行拟合，由于模型拟合过程中需要进行滞后处理等，导致2007年度金融化适度性样本数据缺失，最终甄别出了2008—2017年共10个年度17 391个样本数据的金融化适度性情况。模型拟合结果显示，上年度金融化水平增量（L.Efin）与本年度金融化水平增量（Efin）在1%的显著性水平上负相关，反映出企业在金融资产配置过程中的调节机制，即如果前期金融资产配置增加过多，下期将会相应减少配置来控制企业所面临的风险；而如果前期金融资产配置增加较少，下期将会相应增加配置来捕捉金融渠道的获利机会。上年度资产规模（L.Lnsize）与本年度金融化水平增量（Efin）在10%的显著性水平上负相关，上年度企业年龄（L.Listage）与本年度金融化水平增量（Efin）在1%的显著性水平上正相关，证实了企业固有特征对企业金融资产配置的重要影响，其中随着企业年龄的增加，企业的内部控制和公司治理水平不断提升，为企业金融资产配置提供了良好的企业环境和风险承担能力，提高了企业的金融资产配置能力。上年度资产收益率（L.Roa）与本年度金融化水平增量（Efin）在1%的显著性水平上正相关，上年度托宾Q值（L.Tbq）与本年度金融化水平增量（Efin）在1%的显著性水平上正相关，表明无论是短期还是长期盈利能力的提升，均会增长企业金融投资的信心，从而推动其进一步加深金融化水平。上年度现金持有量（L.Cash）与本年度金融化水平增量（Efin）在1%的显著性水平上负相关，表明当企业内源融资渠道受阻时，企业将通过金融投资来缓解企业的现金流约束；而上年度资产负债率（L.Lev）与本年度金融化水平增量（Efin）在1%的显著性水平上正相关，则反映出企业通过增加杠杆借贷行为进行金融化的倾向。上年度企业资本密集度（L.Capint）与本年度金融化水平增量（Efin）在1%的显著性水平上正相关，表明当企业追加投资时会同时增加其实体投资与金融投资。甄别模型的回归结果稳定且符合预期，证明本章选取的变量具有一定的科学性。具体拟合结果见表3-5。

表3-5　　　　　　　　金融化适度性甄别模型回归结果

项目	回归系数	T值
L.Efin	−0.081***	−9.09
L.Lnsize	−0.001*	−1.77
L.Listage	0.010***	8.90
L.Roa	0.058***	2.99
L.Tbq	0.003***	3.67
L.Cash	−0.238***	−31.03
L.Lev	0.028***	5.35
L.Capint	0.026***	4.99
截距项	0.012	0.66
Ind	Yes	
Year	Yes	
N	17 391	
R^2	0.183	
调整 R^2	0.178	
F值	27.25	

注：***、**、*分别表示在1%、5%、10%的统计水平上显著。

资料来源：作者使用STATA软件估计所得。

然后，在对甄别模型拟合的基础上，测算实际金融化水平与目标金融化水平之间的差距，即企业金融化适度性水平。本节共测算出2008—2017年10个年度17 391个样本的金融化适度性情况，具体结果见表3-6。通过对其分年度描述性统计发现，随着时间的不断推移，2008年金融化适度性水平的最大值为0.30，十年间最高增长至0.74，且金融化适度性的最大值与最小值间的差距也不断扩大，反映出企业金融化行为的差异化特征。这表明，我国金融市场越来越发达，企业金融化的渠道和方式越来越多样化，致使企业金融化行为不断深化。然而在这个过程中，金融化发展乱象和金融错配问题突出等情形又制约着企业金融化的健康发展（刘锡良，2017；曹剑飞和齐兰，2016），致使企业金融化适度性的差距也越来越大。

表3-6　　　　　　金融化适度性分年度描述性统计

年份	样本数	均值	标准差	最小值	P25	P50	P75	最大值
2008年	1 145	−0.00	0.08	−0.40	−0.04	−0.00	0.04	0.30
2009年	1 265	0.00	0.08	−0.43	−0.05	−0.01	0.04	0.34
2010年	1 362	0.00	0.09	−0.39	−0.05	−0.01	0.04	0.70
2011年	1 448	−0.00	0.08	−0.44	−0.04	−0.01	0.04	0.44
2012年	1 773	−0.00	0.08	−0.56	−0.04	−0.01	0.04	0.60
2013年	2 019	0.00	0.08	−0.51	−0.04	−0.00	0.04	0.74
2014年	2 090	0.00	0.08	−0.40	−0.04	−0.01	0.04	0.68
2015年	1 979	−0.00	0.09	−0.60	−0.04	−0.01	0.04	0.66
2016年	2 056	−0.00	0.09	−0.57	−0.04	−0.01	0.04	0.46
2017年	2 254	−0.00	0.08	−0.55	−0.04	−0.01	0.04	0.58
总样本	17 391	−0.00	0.08	−0.60	−0.04	−0.01	0.04	0.74

注：P25、P50和P75分别表示1/4、1/2和3/4分位数。

资料来源：作者使用STATA软件统计所得。

最后，根据金融化适度性的测算结果，对企业金融化适度与否进行甄别。结果显示，在17 391个总样本中，有9 458个样本企业为适度金融化，占总样本的54.38%；有7 933个样本企业为过度金融化，占总样本的45.62%（见表3-7）。这表明我国存在过度金融化的倾向，且从微观企业的角度看，我国过度金融化问题已经日益突出、亟待解决。因此，如何引导企业结构调整，促使金融服务于实体经济，从微观层面推动中国经济健康可持续发展已成为我国经济发展面临的重要问题（刘锡良，2017）。分年度的甄别结果显示，2008 年过度金融化的企业样本数为 551，占当年总样本数的 48.12%，是样本期间内占比最高的年份，体现出 2008 年金融危机所导致的企业战略转变，由于实体经济下滑导致非金融企业主营业务利润下滑，各企业为平稳发展而寻求其他获利渠道（包括金融渠道获利）以保证企业的利润增长点，导致了企业的过度金融化。

表 3-7 　　　　　　　　　　金融化适度性甄别结果

Panel A：金融化适度性甄别结果列示		
	样本数（个）	占比（%）
适度金融化样本	9 458	54.38
过度金融化样本	7 933	45.62
总样本	17 391	100

Panel B：金融化适度性甄别结果分年度列示					
	适度金融化			过度金融化		
年份	样本数（个）	占比（%）	均值	样本数（个）	占比（%）	均值
2008 年	594	51.88	−0.06	551	48.12	0.06
2009 年	700	55.34	−0.05	565	44.66	0.07
2010 年	788	57.86	−0.05	574	42.14	0.07
2011 年	791	54.63	−0.05	657	45.37	0.06
2012 年	942	53.13	−0.05	831	46.87	0.06
2013 年	1 072	53.10	−0.05	947	46.90	0.06
2014 年	1 135	54.31	−0.05	955	45.69	0.06
2015 年	1 065	53.82	−0.05	914	46.18	0.06
2016 年	1 113	54.13	−0.06	943	45.87	0.07
2017 年	1 258	55.81	−0.05	996	44.19	0.06
总样本	9 458	54.38	−0.05	7 933	45.62	0.06

注：均值为金融化适度性甄别模型回归结果中的残差计算所得，无量纲。

资料来源：作者使用 STATA 软件对甄别结果统计分析所得。

3.3.3　甄别结果检验

（1）狭义金融化范畴下的甄别

为了检验甄别结果的稳健性，对金融资产范围进行了重新定义。关于金融资产的定义范围，有学者认为考虑到上市公司对联营和合营企业的投资，狭义的金融资产不包括长期股权投资（张成思和张步昙，2016）。因此，本节对金融化水平按照狭义口径重新计算并进行了适度性甄别。模型拟合结果显示，本章所选取的各变量回归系数大小和方向均未发生显著变化，且部分变量的显著性水平有所提升，说明本章模型构建具有一定的科学性。金融化适度性甄别结果显示，甄别样本量未发生变化。其中，十年间金融化适度性的最小值为−0.58，最大值为0.70，在 17 391 个总样本中，有 9 610 个样本企业为适度金融化，有 7 781 个样本企业为过度金融化，各数值与前述甄别结果基本一致，表明本章对于金融化适度性的甄别结果具有较高的稳健性。

（2）金融化适度性经济后果检验

为了验证本章模型设计及甄别结果的可靠性，分别选用固定资产比率、无形资产比率、主业利润占比和金融渠道获利指标对金融化适度性经济后果进行了系列检验。检验结果见表3-8。

检验结果显示，从企业资本投资方向的角度分析，过度金融化与企业固定资产比率在1%的显著性水平上负相关，同时与无形资产比率在5%的显著性水平上负相关，表明企业的资源是有限的，当企业过度金融化时，将资金过度配置于金融资产必然会挤出企业在固定资产、无形资产等方面的投资，导致在企业的总资产中金融资产占比升高伴随着固定资产与无形资产的占比下降。企业适度金融化与企业固定资产比率在1%的显著性水平上正相关，表明当企业适度金融化时，金融化不仅未占用其他方面投资资源，反而其金融收益可以成为企业其他方面投资的又一条融资渠道，为其他投资提供支持；企业适度金融化与无形资产比率的回归系数并未通过显著性检验，这主要是由于企业无形资产的投入与产出之间存在着复杂的关系链条，适度金融化有利于提升无形资产的投入水平（具体见第4章企业金融化适度性与创新），然而却未能直接

表 3-8　　　　　　　　　　金融化适度性甄别检验结果

项目	投资方向检验结果				业绩水平检验结果			
	固定资产比率		无形资产比率		主业利润占比		金融渠道获利	
	过度金融化样本	适度金融化样本	过度金融化样本	适度金融化样本	过度金融化样本	适度金融化样本	过度金融化样本	适度金融化样本
Exfin	−0.171***	0.283***	−0.019**	0.018	−0.353***	0.083	9.929**	−3.820
	(−7.84)	(9.67)	(−2.01)	(1.22)	(−2.99)	(1.36)	(2.16)	(−0.90)
Lnsize	−0.008***	−0.001	0.000	−0.000	0.002	0.002	1.431	0.168
	(−4.93)	(−0.46)	(0.58)	(−0.38)	(1.29)	(1.55)	(1.35)	(1.04)
Lev	−0.028***	−0.049***	0.000	−0.004	−0.037	−0.069***	−4.167	0.981
	(−3.05)	(−4.85)	(0.10)	(−0.78)	(−1.53)	(−3.95)	(−1.15)	(0.87)
Cash	−0.197***	−0.469***	−0.055***	−0.068***	0.087***	0.019	−8.031**	−0.220
	(−17.65)	(−25.33)	(−9.68)	(−7.47)	(10.30)	(1.49)	(−2.34)	(−0.26)
Roa	−0.181***	−0.246***	−0.040***	−0.094***	1.117***	1.201***	−28.730**	−9.910***
	(−5.87)	(−7.06)	(−2.88)	(−4.89)	(14.07)	(12.38)	(−2.49)	(−3.83)
Tbq	−0.005***	−0.002*	0.001**	0.004***	−0.004*	−0.009**	0.553*	0.079**
	(−5.68)	(−1.91)	(2.29)	(4.59)	(−1.85)	(−2.22)	(1.84)	(2.22)
Board	0.004***	0.007***	0.000	0.000	−0.001	−0.002*	−0.113	0.005
	(4.54)	(7.07)	(0.71)	(1.02)	(−1.49)	(−1.89)	(−0.68)	(0.04)
Indr	0.022	0.041	−0.010	−0.008	−0.009	−0.045	−12.169	0.355
	(0.88)	(1.40)	(−0.84)	(−0.68)	(−0.58)	(−1.33)	(−1.64)	(0.12)
Lnpay3	−0.001	−0.008***	−0.002**	−0.000	0.005	0.001	−0.106	−0.190
	(−0.60)	(−3.23)	(−2.12)	(−0.04)	(1.04)	(1.05)	(−0.38)	(−1.39)
Top5	0.000***	0.000***	0.000	0.000	0.000***	0.000***	−0.002	−0.017
	(4.44)	(3.26)	(1.29)	(1.11)	(4.01)	(2.88)	(−0.10)	(−1.56)
Lqfld	0.000	0.000*	−0.000**	0.000*	0.000	0.000	−0.015	0.007
	(0.64)	(1.89)	(−2.16)	(1.79)	(0.68)	(0.23)	(−0.57)	(0.59)
Zcsrb	−0.000***	−0.000**	0.000	−0.000***				
	(−2.63)	(−2.53)	(0.05)	(−2.78)				
Capint					0.041***	0.009	−3.077	−1.790
					(6.37)	(0.87)	(−1.14)	(−1.45)
Intint					0.029**	−0.007	−4.338**	0.457
					(1.99)	(−0.25)	(−2.38)	(0.49)
截距项	0.451***	0.381***	0.094***	0.116***	−0.107***	−0.016	−18.618	0.128
	(11.96)	(8.77)	(5.29)	(5.00)	(−2.81)	(−0.37)	(−1.07)	(0.04)
Ind	Yes	Yes	Yes	Yes	Yes	Yes	Yes	Yes
Year	Yes	Yes	Yes	Yes	Yes	Yes	Yes	Yes
N	7 532	9 009	7 532	9 009	5 254	6 134	7 535	9 013
R^2	0.498	0.504	0.239	0.205	0.482	0.418	0.014	0.013
调整 R^2	0.491	0.499	0.230	0.196	0.473	0.408	0.001	0.002

注：括号中数值为 T 值，***、**、*分别表示在1%、5%、10%的统计水平上显著。

资料来源：作者使用 STATA 软件估计所得。

体现在无形资产的产出水平（无形资产比率）上。从企业业绩水平的角度，过度金融化与主业利润占比在1%的显著性水平上负相关，表明企业过度金融化会挤占企业用于主营业务的资源和关注度，使企业主业利润占比降低；过度金融化与金融渠道获利在5%的显著性水平上正相关，反映了企业金融化行为所获得的超额报酬。企业适度金融化与主业利润占比的回归系数未通过显著性检验，说明在企业金融资产配置水平相对较低、未超过企业资源负荷时，企业进行适当的金融化并不会对企业主业产生不利影响；同时企业适度金融化与金融渠道获利的回归系数也未通过显著性检验，恰恰反映出了资本市场收益与风险兼有的特征，当企业未陷入"金融利润投资金融"的恶性循环、一味地追求投机获利时，其理性、有限地配置金融资产，此时的金融收益会遵循资本市场规律，表现出不确定性的特征。检验结果符合理论与实际判断，证实本章的金融化适度性甄别模型的建立与运用具有较高的可靠性。

3.4 本章小结

本章以2007—2017年间中国沪深A股非金融上市公司为样本，剖析金融化适度性甄别模型的理论基础，构建金融化适度性甄别模型，对样本企业金融化适度性进行甄别，并对甄别结果进行了分析和检验。首先，为了构建金融化适度性甄别模型的理论逻辑框架，对金融化适度性的影响因素进行了梳理，包括对企业金融化的动因分析，对经营方面、财务方面和治理方面的内生影响因素以及经济政策不确定性等外生影响因素的梳理。在此基础上，基于股东价值最大化的企业财务管理目标以及模型构建的相关要素需求对甄别模型中涉及的变量进行了筛选，并由此建立了金融化适度性甄别变量在企业金融化的甄别与股东价值最大化目标实现过程中的逻辑框架，为甄别模型的建立搭建了理论基础。然后，本章运用筛选出的甄别变量构建了金融化适度性甄别模型，并运用样本数据对样本公司的金融化适度性进行了甄别。本章考虑企业固有特征、经营状况和财务状况等微观因素构建模型对企业金融化适度性进行了甄别，结果发现我国存在过度金融化的倾向，且从微观企业的角度看，我国过度金融化问题已经日益突出、亟待解决。此外，2008年金融危机也对企业金融化适度性的分布产生了一定的影响。最后，本章从投资方向和业绩水平的角度对金融化适度性的甄别结果可靠性进行了检验，发现过度金融化会抑制企业在固定资产与无形资产方面的投资，同时会降低企业的主业盈利水平、提高金融渠道获利，而适度金融化则能够提高企业固定资产投资，并且不会显著影响企业的主业盈利水平。本章对金融化适度性的理论阐释、模型构建与运用为本书后续对宏观经济政策、金融化适度性与创新之间的关系解析奠定了计量基础，为企业金融化相关实证研究提供了新的测度方法，同时为微观层面引导企业结构调整，促使金融服务于实体经济，推动中国经济健康可持续发展提供了经验证据。

第4章 企业金融化适度性与创新

4.1 企业金融化适度性与创新的一般关系

4.1.1 理论分析与假设提出

实体企业配置金融资产主要源于两种动机：一个是资本套利动机，主要通过配置流动性相对较低但具有高额回报的金融资产来获得超额回报率；另一个则是资金储备动机，主要通过配置流动性相对较高、变现能力强的金融资产来平滑企业资金需求，缓解融资约束不足（王红建等，2017）。而当我们对两种动机进行甄别时则会发现，部分企业可能表现为资本套利，部分企业可能表现为资金储备，而也有部分企业则可能二者兼有，共同对实体企业金融化产生影响。在这种情况下，对企业的真实动机进行甄别进而对其进行调控则显得颇有难度。已有研究发现金融化对于企业投资行为的影响并不一致，甚至国别的不同也会导致其影响机制发生变化（Lapavitsas 和 Powell，2013；Seo 等，2016；Karwowski和Stockhammer，2017），而企业金融化对于创新的影响也并不稳定，其会随着环境的变化在助推效应与挤出效应间产生动态变化（王红建等，2017；郭丽婷，2017；刘贯春，2017）。企业中金融化与创新关系的不稳定，可能源于其金融化适度性的差异。由于金融化对于创新的影响机制在适度金融化与过度金融化的情形中并不相同，进而导致二者间的关系呈现出了截然不同的态势。因此，在对金融化与创新二者间的关系进行分析时以适度性差异作为分析基础可能更为合理和可行。

（1）企业适度金融化与创新

发达国家在经济发展的进程中普遍经历了金融化不断深化的过程，并使得技术创新从中受益。Panitch和Gindin（2005）认为资本主义的本质属性主要体现为资本过度集中于金融领域。他们认为金融利润增长通常同时伴随着总利润的增加，这可以为公司提供更多的资本进行再投资。Tadesse（2002）认为创新需要大规模的投资，而良好的金融体系恰好可以为其提供融资支持，资本市场通过长期激励、风险分散和机会共享促进长期、稳定和持续地创新。根据内生增长理论，一国的经济增长主要取决于资源积累和技术进步，企业金融化的投资本质决定了它作为企业技术创新的内生变量，可以拓宽融资渠道、缓解融资约束、提高融资效率及融资能力（Bonfiglioli，2008；Gehringer，2013），从而增加企业创新的资金供给，发挥助推效应。同时，金融化能促进现代制造业的发展，金融发展有利于打破融资约束的瓶颈，这无疑会提高企业的实体投资水平（Kliman和Williams，2015；Davis，2018）、增加企业创新投资、提高企业创新能力（Ang，2010；Arizala等，2013）。

当企业适度金融化时，其金融资产规模能够与企业现有资源相匹配、金融投资项目变现能力较强、面临的金融风险控制在企业可承受范围内，这可以为企业其他方面的投资尤其是为常常面临融资约束的创新项目投资提供融资保障。首先，企业根据自身状况适度配置金融资产虽然会耗用企业资源，但由于其金融资产规模能够与企业现有资源相匹配，将相应的规模和风险控制在企业可承受范围内，因此并不会挤占创新等其他方面的资源；而且，企业金融化使各企业之间的资本流通更加便捷，能够极大地拓宽资金来源渠道、增强融资能力（Bonfiglioli，

2008；Gehringer，2013）、提高融资效率、缓解融资约束，为企业创新提供灵活的资金供给环境，促进企业快速发展。相对于现金资产，企业配置具有高额回报的金融资产具有资本成本效应，可以获得一定的回报，一方面可以降低外部融资成本，使得企业获得更多资金，以金融资产的形式储备，缓解融资约束；另一方面其超额收益能够改善企业经营业绩（Davis，2018），从而通过收入效应平滑企业其他方面的投入，促进企业创新。此外，有学者研究发现，当企业面临较强的融资约束时会通过变现部分资产来维持企业创新（Borisova和Brown，2013）。因此必要时企业会通过出售短周期、强变现的金融资产使企业内部现金流增多，从而为主要靠内源融资的创新项目提供融资保障。因此，当企业适度金融化时，随着金融资产配置的增加，企业金融化行为会显著提高企业创新投入，表现为助推效应。作者据此提出假设4.1。

H4.1：企业适度金融化与创新呈显著正相关关系，表现为助推效应。

（2）企业过度金融化与创新

金融是不同经济部门之间资金联系的桥梁，完善的金融体系能够通过资金循环为高收益部门配置更多资源，从而提高资本积累和配置效率。然而，金融在推动经济发展的过程中，应注重协调实体与金融之间的关系，以防本末倒置（陈享光和郭祎，2016）。在实体资本与金融资本不断强化与深化之后，其有序扩张的均衡将逐渐被打破（谢家智等，2014b），从而表现出过度金融化的特征。正如20世纪80年代的欧美经济体，在经历了工业化与金融化相互融合、相互促进的阶段后，便开始显现出实体利润率下滑，实体资本加速流入金融产业，使得发达经济体表现出高度金融化和去工业化的特征（蔡万焕，2011），进而不可避免地陷入金融危机，弱化可持续发展能力。事实上早在金融化概念出现之前，Tobin（1965）就发现金融投资与实体投资是相互替代的关系。他认为如果金融资产回报高于实体资产，则金融投资会对实体投资产生挤出效应，使更多的资金投资于金融资产，从而导致实体资产投资的减少。金融投资不断扩大、金融资产持续增加所导致的金融化本身在很大程度上会改变企业的商业模式，迫使企业的资源配置和经营重心从实体生产部门转向金融投资领域（Epstein，2005；Orhangazi，2008；Kotz，2009）。Crotty（2003）和Orhangazi（2006，2008）也认为，企业金融化导致金融投资挤占了实体投资，实体生产不断萎缩，经济的重心从实体转向金融部门。导致这种现象的原因有二：一是金融行业的快速发展增加了企业的投资和套利机会，从而促使企业增加金融领域的投资，致使实体投资空间被挤占；二是企业资金不断流向金融市场，致使企业内部资金十分有限，降低企业进行长远规划的能力，进而阻碍了企业的实体投资（Orhangazi，2008）。因此，企业的过度金融化势必会导致企业为了短期收益的提高而忽视自身的长久持续发展（Seo等，2012；Akkemik和Ozen，2014），挤出创新投资（晋盛武和何珊珊，2017；许罡和朱卫东，2017），削弱企业内部的创新基础（谢家智等，2014a）。

随着企业金融化水平的持续加深，其将不断暴露出过度金融化的弊端，表现为相对于企业目前情况而言，其金融资产规模过大、金融投资项目周期过长、企业面临的金融风险过大等。企业在生产经营的过程中，会对固定资产、金融资产、研发创新以及其他项目进行不同程度的投资（Richardson，2006）。由于金融投资项目与其他项目相比具有投资周期短、回报快等特点，而创新投资项目与其他项目与金融投资相比则投资周期较长，且风险较大、回报不确定，当企业为了获得较高的超额回报将资源持续地、过多地配置于金融资产时，企业易过度金融化，从而对创新产生影响。其对创新的影响主要有以下四个方面：首先，当企业面临外部融资约束时，便需要在金融资产配置与固定资本投资间进行权衡（Davis，2017）。企业金融资产规模过大、金融投资项目周期过长意味着企业的金融投资占用了企业过多的资源，并且短期内无法变现，这将导致其可用资本有限，并进一步加重企业的融资约束，尤其是创新融资约束程度，挤占本应用于创新的资源，挤出创新。其次，企业在创新的过程中需要保证有稳定的、持续的投入作为支撑，而企业过度金融化会使企业面临较大的金融风险，从而导致企业的获利能力不稳定，这必然会影响到企业的创新能力。再者，随着我国金融化的不断发展，企业决策者会不断受到投资者、监管机构和其他投资人等外部团体偏好的影响，牺牲生产性资本的自主性原则，使投资决策越来越服从于资产的流动性要求（谢家智等，2014a）。在过度金融化的情形下，企业对资金流动性的需求过高，可能减缩其他对于流动性要求较高的项目，如研发创新，来满足金融化过程中对资产流动性的需求，从而挤出创新。最后，企业金融化主要表现为企业偏好于金融投资，利润来源渠道中金融收益的占比不断提高（郭丽婷，2017）。过度金融化则会倾向于使企业更加依赖资本市场投资，过于注重从金融市场获得回报。当企业金融化获得高收益时，增加的金融投资和利润机会通过影响经理人的激励促使企业更加关注短期利益（Sen 和 Dasgupta，2018），形成恶性循环，从而削弱企业进行创新的动力（王红建等，2017）。作者据此提出假设4.2。

H4.2：企业过度金融化与创新呈显著负相关关系，表现为挤出效应。

4.1.2　研究设计

（1）样本选择与数据来源

本章选取了2008—2017年沪深 A 股非金融上市公司为样本，并在样本筛选过程中进行了以下处理：剔除金融行业上市公司，剔除没有研发投入或未披露研发投入的样本，剔除主要变量观测值缺失的样本，最终获得10个年度共9 952个样本观测值。为了减少离群值的影响，我们对相关连续型变量进行了1%和99%分位的 Winsorize 处理。由于第3章中金融化适度性的甄别结果数据分布在2008—2017年间，因此本章选取2008—2017年的样本作为观测值。数据来自 CSMAR 数据库，数据处理主要使用 EXCEL2010 与 STATA15.0软件。

（2）模型设计

本章构建模型（4-1）至模型（4-4）检验企业金融化适度性与创新之间的关系。模型（4-1）用来验证已有研究中企业金融化与创新二者间的关系，若 Fin 的系数 α_1 显著为负，则验证了已有研究中企业金融化对创新存在挤出效应的结论：一是为接下来将金融化分为过度金融化与适度金融化进一步进行研究做基础；二是可以从侧面验证本章数据的可靠性。模型（4-2）用来验证企业金融化适度性与创新二者间的非线性关系，若 $Exfin^2$ 的系数 β_1 显著为负，则验证了金融化适度性与创新二者间的非线性关系，有必要进一步分析不同适度性情形下二者关系的动态变化。模型（4-3）用来验证非效率金融化的程度（金融化适度性的绝对值）与创新二者间的关系，若 A_Exfin 的系数 γ_1 显著为负，则说明企业非效率金融化会挤出创新，与模型（4-2）的结论相互印证，增强进一步分析不同适度性情形下二者关系动态变化的必要性。模型（4-4）用来验证不同适度性情形下企业金融化适度性与创新之间的关系，在适度金融化情形下若 Exfin 的系数 δ_1 显著为正，则验证了假设4.1，即适度金融化对创新有助推效应；在过度金融化情形下若 Exfin 的系数 δ_1 显著为负，则验证了假设4.2，即过度金融化对创新存在挤出效应。

$$Ird_{it} = \alpha_0 + \alpha_1 Fin_{it} + \alpha_2 Controls_{it} + \sum Ind + \sum Year + \varepsilon_{it} \quad (4-1)$$

$$Ird_{it} = \beta_0 + \beta_1 Exfin_{it}^2 + \beta_2 Exfin_{it} + \beta_3 Controls_{it} + \sum Ind + \sum Year + \varepsilon_{it} \quad (4-2)$$

$$Ird_{it} = \gamma_0 + \gamma_1 A\_Exfin_{it} + \gamma_2 Controls_{it} + \sum Ind + \sum Year + \varepsilon_{it} \quad (4-3)$$

$$Ird_{it} = \delta_0 + \delta_1 Exfin_{it} + \delta_2 Controls_{it} + \sum Ind + \sum Year + \varepsilon_{it} \quad (4-4)$$

（3）变量选择与定义

在上述模型中，Ird 为被解释变量，表示企业创新，以创新投入与年末总资产之比表示；模型（4-1）中 Fin 为解释变量，表示企业金融化水平，以金融资产与年末总资产之比表示；模型（4-2）至模型（4-4）中 Exfin 和 A_Exfin 为解释变量，表示金融化适度性（企业适度/过度金融化及非效率金融化程度），Exfin 大于0时为过度金融化，不大于0时为适度金融化；A_Exfin 为 Exfin 的绝对值，表示非效率金融化程度；Exfin 和 A_Exfin 通过企业金融化适度性的甄别获得。Controls 为控制变量，根据已有文献，模型（4-1）至模型（4-4）中均控制了资产规模（Lnsize）、资产负债率（Lev）、现金持有量（Cash）、资产收益率（Roa）、企业资本密集度（Capint）、技术水平（Intint）、托宾 Q 值（Tbq）、董事会规模（Board）、独董比例（Indr）、高管薪酬（Lnpay3）、股权集中度（Top5）、两权分离度（Lqfld）等变量以及行业和年度虚拟变量。此外，本章在传导路径研究中，引入了 Sa 指数作为路径检验模型中融资约束的衡量指标；引入金融渠道获利占比作为路径检验模型中金融渠道获利的衡量指标，引入内部现金流作为路径检验模型中现金流约束（Cfo）的衡量指标。其中，Sa 指数的计算主要使用了资产规模（Lnsize）和企业年龄（Listage）两个随时间变化不大且具有很强外生性的变量，计算公式为：$-0.737×Lnsize+0.043×Lnsize^2-0.04×Listage$，记为 Sa（鞠晓生等，2013；王义中和宋敏，2014；姜付秀等，2016），该指数的绝对值越大表明企业所面临的融资约束越严重；金融渠道获利占比包括投资收益、公允价值变动损益以及其他综合收益，并用营业利润的绝对值进行标准化，具体方法为金融渠道获利减去营业利润的余额除以营业利润的绝对值，记为 Fpr（张成思和张步昙，2016），该值越大表明企业的金融渠道获利越多；现金流约束的计算是使用上市公司年报中现金流量表中的经营活动产生的现金净流量除以年末总资产进行标准化得到的，记为 Cfo，该值越小表明企业的现金流约束越大。上述变量的详细定义见表4-1。

表4-1   主要变量定义

种类	变量名称	变量符号	变量定义
因变量	企业创新	Ird	创新投入与年末总资产之比
自变量	企业金融化适度性	Exfin	大于0时为过度金融化，不大于0时为适度金融化，绝对值越大，表示偏离适度水平的程度越高
	非效率金融化程度	A_Exfin	企业金融化适度性的绝对值
	企业金融化水平	Fin	金融资产与年末总资产之比
中介变量	融资约束	Sa	Sa指数
	金融渠道获利	Fpr	金融渠道获利占比
	现金流约束	Cfo	经营现金流与总资产之比
控制变量	资产规模	Lnsize	公司年末总资产的自然对数
	资产负债率	Lev	总负债与年末总资产之比
	现金持有量	Cash	货币资金与年末总资产之比
	资产收益率	Roa	当期净利润与年末总资产之比
	企业资本密集度	Capint	固定资产与年末总资产之比
	技术水平	Intint	无形资产与年末总资产之比

种类	变量名称	变量符号	变量定义
控制变量	托宾Q值	Tbq	市值与年末总资产之比
	董事会规模	Board	董事会人数
	独董比例	Indr	独立董事人数与董事会人数之比
	高管薪酬	Lnpay3	董事、监事及高管前三名薪酬总额的自然对数
	股权集中度	Top5	前5位大股东持股比例之和
	两权分离度	Lqfld	实际控制人控制权比例与所有权比例的差值
	行业	Ind	行业虚拟变量
	年度	Year	年度虚拟变量

注："董事会规模"变量的单位为"个"。资产规模与高管薪酬变量的原始数据单位为元，取对数后无量纲。其余各变量因进行了相应换算无量纲。

资料来源：作者整理所得。所有原始数据均来自CSMAR数据库。

4.1.3 实证检验

（1）描述性统计

表4-2列示了本章样本数据中各变量的相关统计量，包括平均值、中位数、最大值、最小值及标准差，以了解样本数据的基本情况[①]。其中，Ird的均值为0.02，标准差为0.02，中位数为0.02，最小值为0.00，最大值为0.09，表明上市公司样本的创新投入占总资产比例平均在2%左右，最高至9%，而部分企业则存在对创新项目不予投入的现象，说明我国企业对创新的投入水平仍比较低，企业对创新的重视程度仍有待提高；Fin的均值为0.24，标准差为0.15，中位数为0.20，最小值为0.01，最大值为0.89，可见上市公司金融化现象非常普遍，甚至有个别企业的金融资产已经占到总资产的90%左右，相比之下企业对于金融资产的投资远远高于创新项目投资，前者几乎达到了后者投资比例的10倍；Exfin的均值为-0.00，标准差为0.08，中位数为-0.01，最小值为-0.60，最大值为0.58，表明上市公司样本中一半以上的企业适度金

[①] 企业金融化适度性甄别模型最终甄别出了17 391个样本数据，但由于之后回归模型样本企业中研发数据及部分控制变量数据缺失，导致回归模型中金融化适度性（Exfin）的样本值为9 952个观察值。

融化，而有接近一半的企业存在过度金融化的现象。A_Exfin 的均值为
0.06，标准差为 0.05，中位数为 0.04，最小值为 0.00，最大值为 0.60，
表明样本企业中有部分企业的金融化水平已接近最优金融投资水平，同
时有部分企业非效率金融化程度较高，甚至偏离最优水平 60%。Sa 的
均值为 4.72，标准差为 1.48，中位数为 4.45，最小值为 2.32，最大值为
9.79，表明企业所面临的融资约束水平普遍较高。Fpr 的均值为 -0.43，
标准差为 1.27，中位数为 -0.94，最小值为 -2.00，最大值为 7.10，表明
有些企业金融渠道亏损，最高甚至将其营业利润全部亏空，有些企业金
融渠道未获利也未亏损，有些企业则获利甚高，达到其营业利润的八倍
以上。Cfo 的均值为 0.04，标准差为 0.07，中位数为 0.04，最小值为 -
0.14，最大值为 0.23，表现出部分企业现金流水平为正，而部分企业现
金流水平为负，面临着内部现金流约束困境。此外，样本公司的资产规
模、负债水平、盈利状况、资金配置方向以及公司治理结构等均存在较
大差异，这将在一定程度上传导至企业投资决策，进而对企业创新产生
影响。

表 4-2　　　　　　　　　　主要变量描述性统计

变量	样本数	均值	标准差	最小值	P25	P50	P75	最大值
Ird	9 952	0.02	0.02	0.00	0.01	0.02	0.03	0.09
Fin	9 952	0.24	0.15	0.01	0.13	0.20	0.31	0.89
Exfin	9 952	-0.00	0.08	-0.60	-0.04	-0.01	0.04	0.58
A_Exfin	9 952	0.06	0.05	0.00	0.02	0.04	0.07	0.60
Sa	9 952	4.72	1.48	2.32	3.67	4.45	5.46	9.79
Fpr	9 952	-0.43	1.27	-2.00	-1.00	-0.94	-0.54	7.10
Cfo	9 952	0.04	0.07	-0.14	0.01	0.04	0.08	0.23
Lnsize	9 952	22.13	1.23	19.94	21.24	21.94	22.81	26.00
Lev	9 952	0.41	0.20	0.05	0.26	0.41	0.57	0.86
Cash	9 952	0.18	0.12	0.02	0.09	0.15	0.23	0.62
Roa	9 952	0.04	0.05	-0.13	0.01	0.04	0.06	0.19
Capint	9 952	0.23	0.15	0.01	0.11	0.20	0.31	0.66
Intint	9 952	0.05	0.04	0.00	0.02	0.04	0.06	0.26
Tbq	9 952	2.28	1.83	0.22	1.03	1.77	2.93	9.85
Board	9 952	8.68	1.68	5.00	7.00	9.00	9.00	15.00
Indr	9 952	0.37	0.05	0.33	0.33	0.33	0.43	0.57
Lnpay3	9 952	14.34	0.65	12.87	13.91	14.32	14.73	16.19
Top5	9 952	0.53	0.15	0.20	0.42	0.53	0.63	0.87
Lqfld	9 952	5.63	7.96	0.00	0.00	0.00	10.56	29.32

　　注：P25、P50 和 P75 分别表示 1/4、1/2 和 3/4 分位数。

　　资料来源：作者使用 STATA 软件统计分析所得。

（2）实证结果分析

本节首先将企业金融化水平（Fin）与企业创新（Ird）进行回归（见模型4-1）。检验结果显示：企业金融化水平（Fin）与企业创新（Ird）的回归系数显著为负，表明在未考虑金融化适度性的情况下，企业金融化水平与创新显著负相关，即整体上企业金融化会挤出创新，这与已有研究结论相符。

在此基础上，本节将企业金融化适度性（Exfin）与企业创新（Ird）进行回归（见模型4-2至模型4-4）。检验结果显示，未加入金融化适度性二次项（Exfin²）时，金融化适度性（Exfin）与企业创新（Ird）的回归系数显著为负（见模型4-2）；加入金融化适度性二次项（Exfin²）后，金融化适度性的二次项（Exfin²）与企业创新（Ird）的回归系数显著为负，表明金融化适度性与创新为显著的倒U形关系，即金融化适度性较低（适度金融化）时，金融化适度性有助于创新，但随着金融化适度性的不断增加、实际金融化水平超过最优金融化水平阈值（过度金融化）时，金融化适度性会抑制创新；加入金融化适度性绝对值（A_Exfin）后，金融化适度性的绝对值（A_Exfin）与企业创新（Ird）的回归系数显著为负，表明非效率金融化与创新显著负相关，即企业金融化越不适度（过度或不足），企业金融化对创新的挤出效应越强，助推效应越弱，企业金融化越适度，企业金融化对创新的挤出效应越弱，助推效应越强。

为了进一步弄清企业金融化适度性（Exfin）与企业创新（Ird）二者间的关系，本节将金融化适度性（Exfin）分组为过度金融化样本与适度金融化样本分别与企业创新（Ird）进行回归（见模型4-5和模型4-6）。检验结果显示，在过度金融化企业中，金融化适度性（Exfin）与企业创新（Ird）的回归系数显著为负，表明企业过度金融化与创新显著负相关，即企业过度金融化会挤出创新；而在适度金融化企业中，金融化适度性（Exfin）与企业创新（Ird）的回归系数显著为正，表明企业适度金融化与创新显著正相关，即企业适度金融化有助于创新，假设4.1与假设4.2得到证实。模型4-1至模型4-6的回归结果见表4-3。

表4-3　　　　　　　　　　　　　适度性回归结果

项目	模型4-1 全样本	模型4-2 全样本	模型4-3 全样本	模型4-4 全样本	模型4-5 过度金融化样本	模型4-6 适度金融化样本
Fin	-0.017*** (-10.61)					
Exfin²			-0.066*** (-5.53)			
A_Exfin				-0.022*** (-7.73)		
Exfin		-0.005** (-2.37)	-0.005** (-2.24)		-0.025*** (-6.09)	0.019*** (4.26)
Lnsize	-0.002*** (-9.19)	-0.002*** (-10.23)	-0.002*** (-10.23)	-0.002*** (-10.45)	-0.002*** (-6.53)	-0.002*** (-7.83)
Lev	-0.001 (-1.11)	0.001 (0.55)	0.000 (0.22)	-0.000 (-0.04)	0.001 (0.43)	-0.001 (-0.38)
Cash	0.017*** (8.54)	0.004** (2.36)	0.006*** (3.07)	0.004*** (2.72)	0.006** (2.56)	0.008*** (2.59)
Roa	0.039*** (9.60)	0.041*** (9.92)	0.040*** (9.84)	0.041*** (10.00)	0.041*** (6.53)	0.041*** (7.46)
Capint	-0.004*** (-3.23)	-0.001 (-0.47)	-0.001 (-1.01)	-0.002 (-1.33)	0.000 (0.25)	-0.003* (-1.92)
Intint	0.002 (0.38)	0.005 (1.18)	0.004 (1.11)	0.005 (1.17)	-0.000 (-0.05)	0.008 (1.39)
Tbq	0.001*** (6.28)	0.001*** (6.05)	0.001*** (6.35)	0.001*** (6.48)	0.001*** (5.18)	0.001*** (3.93)
Board	0.000** (2.00)	0.000** (2.15)	0.000** (2.01)	0.000** (1.98)	0.000 (1.02)	0.000* (1.65)
Indr	0.008*** (2.63)	0.008*** (2.73)	0.008*** (2.68)	0.008*** (2.70)	0.011** (2.38)	0.006 (1.42)
Lnpay3	0.005*** (17.70)	0.005*** (17.29)	0.005*** (17.14)	0.005*** (17.15)	0.005*** (11.51)	0.005*** (12.70)
Top5	-0.003*** (-3.11)	-0.002* (-1.83)	-0.002* (-1.71)	-0.001 (-1.50)	-0.002 (-1.05)	-0.002 (-1.52)
Lqfld	0.000*** (3.49)	0.000*** (3.23)	0.000*** (3.39)	0.000*** (3.42)	0.000*** (3.38)	0.000* (1.74)
Constant	-0.014*** (-2.82)	-0.013*** (-2.60)	-0.012** (-2.38)	-0.010* (-1.95)	-0.017** (-2.24)	-0.006 (-0.91)

项目	模型 4-1	模型 4-2	模型 4-3	模型 4-4	模型 4-5	模型 4-6
	全样本	全样本	全样本	全样本	过度金融化样本	适度金融化样本
Ind	Yes	Yes	Yes	Yes	Yes	Yes
Year	Yes	Yes	Yes	Yes	Yes	Yes
N	9 952	9 952	9 952	9 952	4 542	5 410
R^2	0.396	0.390	0.393	0.394	0.406	0.391
调整 R^2	0.391	0.385	0.388	0.389	0.394	0.380

注：括号中数值为T值，***、**、*分别表示在1%、5%、10%的统计水平上显著。

资料来源：作者使用STATA软件估计所得。

以上结果表明：其一，当不考虑企业金融化适度性时，企业金融化水平会挤出创新，这与已有研究结论相符；其二，金融化适度性与创新为显著的倒U型关系，具体表现为企业过度金融化会挤出创新，企业适度金融化有助于创新；其三，非效率金融化与创新显著负相关，企业非效率金融化（过度或不足）程度越高，其对创新的挤出效应越强，助推效应越弱，反之，企业金融化越适度，其对创新的挤出效应越弱，助推效应越强。

在控制变量上，Lnsize 的回归系数显著为负，表明资产规模越大的企业其创新投入占比会相应有所降低；Cash 的回归系数显著为正，而 Lev 的回归系数并不显著，这表明现金持有量越多的公司其创新投入越高，企业的创新投入更依赖于企业的内源融资。Roa 与 Tbq 的回归系数均显著为正，表明企业盈利能力越高、未来发展预期越好的企业对于创新的投入则越高。Capint 的回归系数显著为负，表明固定资产投入较多的企业创新投入会相对较少，不同的投资项目之间会相互挤出。此外，企业的董事会规模越大、独董比例越高、高管薪酬越高、股权集中度越低、两权分离度越高其创新投入越高。回归结果与以往文献基本相符，且符合预期方向，表明本章采用的回归模型能够较好地反映出各个因素对企业创新的影响。此外，模型4-2至模型4-5的R²和调整 R²均逐步提高，表明当自变量由企业金融化适度性的线性拟合变为非线性拟合后，模型的拟合程度与之前相比有所提高，反映出对企业金融化适度性与创新进行非线性模型拟合具有一定的科学性。

4.1.4　稳健性检验

为证实上述结论的可靠性，本节通过替换自变量、因变量及部分控制变量的测量方式，检验过度与适度金融化分组的合理性、修正模型回归方法和设定形式，运用倾向得分匹配法和近似外生工具变量法解决内生性问题，考虑行业识别及金融危机的影响等多个角度进行了稳健性检验。

（1）替换变量测量方式

①金融化水平的测量

关于金融资产的定义范围，参照 Demir（2009a）、Davis（2016）等学者以及中国的会计定义，金融资产包括货币资金、持有至到期投资、交易性金融资产、投资性房地产、可供出售金融资产、长期股权投资以及应收股利和应收利息。但也有学者认为，考虑到上市公司对联营和合营企业的投资，狭义的金融资产不包括长期股权投资（Arrighi，1994；张成思和张步昙，2016）。因此，本节对金融化水平按照狭义口径重新计算并进行了验证，检验结果与主检验的结论一致。检验结果见表4-4。

表4-4　　　狭义口径测量金融化水平的稳健性检验结果

项目	全样本	全样本	全样本	全样本	过度金融化样本	适度金融化样本
Fin2	−0.014*** （−5.57）					
Exfin2[2]			−0.071*** （−6.77）			
A_Exfin2				−0.022*** （−7.60）		
Exfin2		−0.007*** （−2.66）	−0.005** （−2.11）		−0.025*** （−5.87）	0.018*** （3.98）
Lnsize	−0.002*** （−10.06）	−0.002*** （−10.18）	−0.002*** （−10.19）	−0.002*** （−10.47）	−0.002*** （−7.00）	−0.002*** （−7.32）
Lev	−0.000 （−0.18）	0.00100 （0.58）	0.000 （0.16）	−0.000 （−0.08）	0.001 （0.44）	−0.001 （−0.55）
Cash	0.016*** （5.61）	0.005*** （2.60）	0.006*** （3.22）	0.004*** （2.85）	0.006** （2.44）	0.009*** （2.95）
Roa	0.040*** （9.82）	0.041*** （9.90）	0.040*** （9.79）	0.041*** （9.98）	0.043*** （6.95）	0.038*** （6.98）

续表

项目	全样本	全样本	全样本	全样本	过度金融化样本	适度金融化样本
Capint	−0.002*	−0.000	−0.001	−0.001	0.000	−0.002
	(−1.66)	(−0.40)	(−0.95)	(−1.25)	(0.02)	(−1.60)
Intint	0.003	0.005	0.005	0.005	0.000	0.007
	(0.83)	(1.19)	(1.13)	(1.17)	(0.04)	(1.30)
Tbq	0.001***	0.001***	0.001***	0.001***	0.001***	0.001***
	(6.11)	(6.00)	(6.37)	(6.50)	(5.12)	(3.94)
Board	0.000**	0.000**	0.000**	0.000**	0.000	0.000
	(2.01)	(2.15)	(2.04)	(2.01)	(1.37)	(1.32)
Indr	0.008***	0.008***	0.008***	0.008***	0.011**	0.007
	(2.67)	(2.73)	(2.68)	(2.75)	(2.37)	(1.61)
Lnpay3	0.005***	0.005***	0.005***	0.005***	0.005***	0.004***
	(17.40)	(17.27)	(17.14)	(17.18)	(11.84)	(12.46)
Top5	−0.002**	−0.002*	−0.002*	−0.001	−0.002	−0.002
	(−2.23)	(−1.87)	(−1.73)	(−1.54)	(−1.30)	(−1.47)
Lqfld	0.000***	0.000***	0.000***	0.000***	0.000***	0.000
	(3.36)	(3.24)	(3.40)	(3.38)	(3.56)	(1.61)
Constant	−0.012**	−0.013***	−0.012**	−0.010**	−0.017**	−0.007
	(−2.44)	(−2.65)	(−2.41)	(−1.97)	(−2.32)	(−0.95)
Ind	Yes	Yes	Yes	Yes	Yes	Yes
Year	Yes	Yes	Yes	Yes	Yes	Yes
N	9 952	9 952	9 952	9 952	4 466	5 486
R²	0.392	0.391	0.394	0.394	0.415	0.384
调整 R²	0.386	0.385	0.388	0.388	0.403	0.374

注：括号中数值为 T 值，***、**、*分别表示在 1%、5%、10%的统计水平上显著。

资料来源：作者使用 STATA 软件估计所得。

②创新指标的选择

目前关于企业创新水平的测度指标，主要有创新投入指标与创新产出指标两大类。前述检验采用了创新投入指标，其能够更为直接地反映金融化适度性对企业创新的影响。然而，企业创新活动内涵丰富，创新投入指标无法反映出企业创新过程中开发与消化能力是否会受到金融化的影响，因此本节采用企业专利申请数，并进一步将其划分为发明专利和非发明专利两类对创新产出进行刻画。由于金融化适度性对创新产出的影响存在滞后效应，本节加入了金融化适度性的滞后项对二者间的关系进行观测。虽然创新过程中会受到诸多不确定性因素的影响导致检验结果显著性水平不高，但仍可以看出企业的创新产出确实会受到金融化适度性的影响，过度金融化的影响为负，适度金融化的影响为正。检验结果见表4-5。

表4-5　　　　　关于创新指标选择的稳健性检验结果

项目	创新指标：专利总数		创新指标：发明专利数		创新指标：非发明专利数	
	过度金融化样本	适度金融化样本	过度金融化样本	适度金融化样本	过度金融化样本	适度金融化样本
Exfin	−0.829 (−0.81)	1.806* (1.68)	−0.359 (−0.35)	1.336 (1.33)	0.551 (0.54)	1.010 (1.04)
L.Exfin	−0.531 (−0.63)	1.524** (2.10)	−1.096 (−1.52)	0.478 (0.67)	0.734 (0.99)	0.424 (0.62)
Lnsize	0.755*** (10.37)	0.648*** (8.58)	0.105 (1.19)	0.184** (2.13)	−0.194*** (−3.01)	−0.216*** (−3.08)
Lev	−0.053 (−0.13)	0.896** (2.43)	1.054*** (2.72)	−0.199 (−0.56)	0.599 (1.64)	0.028 (0.09)
Cash	0.060 (0.09)	−0.190 (−0.24)	0.725 (1.20)	0.514 (0.66)	−0.710 (−1.22)	−0.151 (−0.20)
Roa	0.322 (0.24)	2.845** (2.09)	1.758 (1.43)	2.552* (1.92)	2.802** (2.16)	1.626 (1.29)
Capint	−0.074 (−0.14)	0.293 (0.70)	−0.837 (−1.53)	−1.329*** (−3.01)	−0.500 (−1.02)	−0.252 (−0.63)
Intint	2.677* (1.69)	0.805 (0.69)	0.115 (0.07)	0.825 (0.68)	−1.685 (−1.17)	−0.973 (−0.93)
Tbq	0.104*** (2.73)	0.052 (1.32)	0.040 (1.11)	−0.010 (−0.27)	−0.039 (−1.06)	−0.043 (−1.30)
Board	0.020 (0.46)	−0.042 (−1.15)	0.100** (2.19)	0.041 (1.02)	−0.053 (−1.22)	0.040 (1.12)
Indr	1.594 (1.28)	−0.496 (−0.44)	3.285*** (2.63)	2.828** (2.55)	0.615 (0.54)	2.065* (1.93)
Lnpay3	0.202* (1.94)	0.196** (1.99)	0.064 (0.66)	0.168* (1.79)	0.049 (0.51)	0.137 (1.56)
Top5	0.387 (0.92)	−0.311 (−0.80)	0.803** (2.03)	−0.016 (−0.04)	0.876** (2.27)	0.207 (0.61)
Lqfld	−0.002 (−0.29)	−0.008 (−1.25)	−0.008 (−1.10)	0.011* (1.68)	0.007 (0.99)	0.008 (1.36)
Constant	−19.079*** (−9.20)	−15.213*** (−8.56)	−5.093** (−2.54)	−7.823*** (−4.12)	3.149* (1.82)	1.068 (0.76)
Ind	Yes	Yes	Yes	Yes	Yes	Yes
Year	Yes	Yes	Yes	Yes	Yes	Yes
N	940	1 114	940	1 114	940	1 114
R²	0.398	0.349	0.180	0.146	0.176	0.146
调整R²	0.347	0.302	0.109	0.083	0.106	0.083

注：括号中数值为T值，***、**、*分别表示在1%、5%、10%的统计水平上显著。

资料来源：作者使用STATA软件估计所得。

③控制变量的替换

本节还将部分控制变量进行了替换，具体包括以下内容：企业盈利水平用净资产收益率（Roe）替换资产收益率（Roa）；内部融资渠道用经营现金流占总资产之比（Cfo）替换货币资金占总资产之比（Cash）；高管薪酬水平用董事、监事及高管年薪总额的自然对数（Lnpay）替换董事、监事及高管前三名薪酬总额的自然对数（Lnpay3）；股权集中度用前10位大股东持股比例之和（Top10）替换前5大股东持股比例（Top5）。检验结果与主检验的结论相一致。检验结果见表4-6。

表4-6 控制变量替换后的稳健性检验结果

项目	全样本	全样本	全样本	全样本	过度金融化样本	适度金融化样本
Fin	-0.008^{***} (-6.37)					
Exfin^2			-0.055^{***} (-4.69)			
A_ Exfin				-0.019^{***} (-6.86)		
Exfin		-0.007^{***} (-3.71)	-0.006^{***} (-3.08)		-0.023^{***} (-6.26)	0.015^{***} (3.52)
Lnsize	-0.002^{***} (-10.90)	-0.002^{***} (-11.49)	-0.002^{***} (-11.44)	-0.002^{***} (-11.57)	-0.002^{***} (-7.33)	-0.003^{***} (-8.70)
Lev	-0.004^{***} (-3.70)	-0.002^{**} (-2.09)	-0.002^{**} (-2.52)	-0.003^{***} (-2.65)	-0.002 (-1.59)	-0.003^{**} (-2.48)
Cfo	0.027^{***} (10.27)	0.026^{***} (9.97)	0.026^{***} (9.84)	0.024^{***} (9.34)	0.031^{***} (8.02)	0.021^{***} (5.94)
Roe	0.000^{**} (2.46)	0.000^{**} (2.35)	0.000^{**} (2.34)	0.000^{**} (2.29)	0.001^{*} (1.91)	0.000^{***} (2.63)
Capint	-0.009^{***} (-7.16)	-0.006^{***} (-5.41)	-0.007^{***} (-6.04)	-0.007^{***} (-5.83)	-0.006^{***} (-3.26)	-0.008^{***} (-5.60)
Intint	-0.006 (-1.41)	-0.003 (-0.72)	-0.003 (-0.82)	-0.002 (-0.60)	-0.009 (-1.47)	0.000 (0.07)
Tbq	0.001^{***} (8.03)	0.001^{***} (7.69)	0.001^{***} (7.99)	0.001^{***} (8.19)	0.001^{***} (6.10)	0.001^{***} (5.29)
Board	0.000 (0.33)	0.000 (0.33)	0.000 (0.25)	0.000 (0.16)	-0.000 (-0.17)	0.000 (0.43)
Indr	0.007^{**} (2.16)	0.007^{**} (2.20)	0.007^{**} (2.16)	0.007^{**} (2.16)	0.008^{*} (1.81)	0.00500 (1.19)
Lnpay	0.006^{***} (20.85)	0.006^{***} (20.76)	0.005^{***} (20.55)	0.006^{***} (20.71)	0.006^{***} (13.86)	0.005^{***} (15.19)
Top10	-0.000 (-1.09)	-0.000 (-0.70)	-0.000 (-0.42)	-0.000 (-0.22)	-0.000 (-0.10)	-0.000 (-0.46)
Lqfld	0.000^{***} (4.26)	0.000^{***} (4.11)	0.000^{***} (4.23)	0.000^{***} (4.28)	0.000^{***} (3.84)	0.000^{**} (2.49)

续表

项目	全样本	全样本	全样本	全样本	过度金融化样本	适度金融化样本
Constant	-0.018^{***} (-3.67)	-0.019^{***} (-3.96)	-0.018^{***} (-3.68)	-0.017^{***} (-3.48)	-0.021^{***} (-3.00)	-0.013^{*} (-1.95)
Ind	Yes	Yes	Yes	Yes	Yes	Yes
Year	Yes	Yes	Yes	Yes	Yes	Yes
N	9 952	9 952	9 952	9 952	4 542	5 410
R^2	0.399	0.397	0.399	0.400	0.416	0.394
调整 R^2	0.394	0.392	0.394	0.394	0.404	0.383

注：括号中数值为 T 值，***、**、*分别表示在 1%、5%、10%的统计水平上显著。

资料来源：作者使用 STATA 软件估计所得。

（2）模型设定的稳健性检验

①过度金融化与适度金融化样本分组的合理性检验

依据金融化适度性甄别模型的结果，前述检验以零为界将样本企业分为过度金融化组与适度金融化组分别进行了检验。为了检验该样本分组的合理性，我们进行了临界点的结构突变检验。结果显示在零的临界点处没有发生结构突变的 P 值为 0.0107，即样本数据在临界点确实存在显著的结构突变现象。

类似地，我们也采用了虚拟变量法对过度金融化与适度金融化样本分组的合理性进行了检验。结果表明，在零的临界点两侧金融化适度性与创新的关系存在显著差异，同时在临界点附近的两侧企业创新水平存在微小的跳跃，表明即使金融化适度性非常接近，但恰好过度金融化的企业创新水平要显著低于恰好适度金融化的企业创新水平，这为我们以零为界进行分组的合理性提供了经验证据。检验结果见表 4-7。

为了进一步增强主检验结果的说服力，我们将研究样本分为低于金融化适度性四分之一分位点的样本、位于金融化适度性四分之一分位点与四分之三分位点之间的样本以及高于金融化适度性四分之三分位点的样本等三组样本分别进行了检验。检验结果表明，在金融化程度过高的企业中金融化的不断提高将会抑制企业创新，而在金融化程度过低的企业中提高金融化水平将会促进企业创新，仍然与主检验的结论相一致。检验结果见表 4-7。

表4-7　　　　　　　　金融化适度性分组合理性检验结果

项目	虚拟变量法检验	金融化适度性分位数检验		
		<25%样本	25%~75%样本	>75%样本
Exfin	0.018***	0.023***	0.014	−0.029***
	（4.32）	（3.38）	（0.52）	（−5.41）
Exfin01	−0.000			
	（−1.01）			
Exfin01×Exfin	−0.044***			
	（−7.82）			
Lnsize	−0.002***	−0.002***	−0.002***	−0.002***
	（−10.32）	（−4.56）	（−6.10）	（−4.69）
Lev	0.000	−0.004*	0.001	0.001
	（0.10）	（−1.93）	（0.57）	（0.73）
Cash	0.007***	0.002	0.012**	0.006**
	（3.58）	（0.37）	（2.56）	（2.15）
Roa	0.041***	0.039***	0.040***	0.039***
	（9.89）	（4.73）	（5.19）	（4.78）
Capint	−0.001	−0.007***	−0.002	0.000
	（−1.27）	（−2.82）	（−0.85）	（0.05）
Intint	0.005	0.016*	0.005	−0.006
	（1.12）	（1.75）	（0.58）	（−0.68）
Tbq	0.001***	0.001***	0.000	0.001***
	（6.41）	（4.15）	（1.37）	（4.61）
Board	0.000**	0.000	0.001***	0.000
	（1.97）	（0.29）	（2.68）	（1.24）
Indr	0.008***	0.006	0.011*	0.012*
	（2.71）	（0.93）	（1.77）	（1.79）
Lnpay3	0.005***	0.005***	0.004***	0.005***
	（17.14）	（9.98）	（7.68）	（8.82）
Top5	−0.002*	−0.005**	0.002	−0.005**
	（−1.70）	（−2.23）	（1.09）	（−2.44）
Lqfld	0.000***	0.000	0.000	0.000***
	（3.43）	（0.58）	（1.42）	（3.52）
Constant	−0.010**	−0.011	−0.008	−0.015
	（−2.07）	（−1.01）	（−0.83）	（−1.43）

续表

项目	虚拟变量法检验	金融化适度性分位数检验		
		<25%样本	25%~75%样本	>75%样本
Ind	Yes	Yes	Yes	Yes
Year	Yes	Yes	Yes	Yes
N	9 952	2 488	2 488	2 488
R^2	0.395	0.399	0.420	0.430
调整 R^2	0.389	0.377	0.399	0.409

注：括号中数值为 T 值，***、**、*分别表示在 1%、5%、10% 的统计水平上显著。

资料来源：作者使用 STATA 软件估计所得。

② 控制个体效应的模型检验

上述检验结果主要以 OLS 进行了回归。此外，为了控制个体效应给上述结论带来的影响，本节也分别采用固定效应模型与随机效应模型进行了稳健性检验，结果显示除显著性与原回归结果存在差异外，关键变量的影响方向并未改变，研究结论依然成立。检验结果见表4-8。

表4-8　　　　　　　　控制个体效应的稳健性检验结果

项目	基于固定效应模型的估计结果				基于随机效应模型的估计结果			
	全样本	全样本	过度金融化样本	适度金融化样本	全样本	全样本	过度金融化样本	适度金融化样本
$Exfin^2$	−0.026*** (−3.26)				−0.033*** (−4.00)			
A_Exfin		−0.009*** (−4.39)				−0.011*** (−5.64)		
Exfin	0.001 (0.64)		−0.003 (−0.85)	0.010*** (3.15)	−0.001 (−0.76)		−0.012*** (−3.54)	0.011*** (3.49)
Lnsize	−0.005*** (−7.19)	−0.005*** (−7.17)	−0.007*** (−4.57)	−0.004*** (−5.89)	−0.004*** (−8.43)	−0.004*** (−8.49)	−0.003*** (−5.77)	−0.003*** (−7.60)
Lev	−0.001 (−0.49)	−0.001 (−0.53)	−0.000 (−0.15)	−0.000 (−0.22)	−0.001 (−0.96)	−0.001 (−1.10)	−0.002 (−0.89)	−0.002 (−1.03)

续表

项目	基于固定效应模型的估计结果				基于随机效应模型的估计结果			
	全样本	全样本	过度金融化样本	适度金融化样本	全样本	全样本	过度金融化样本	适度金融化样本
Cash	−0.005**	−0.004**	−0.010***	−0.004	−0.001	−0.001	−0.002	0.002
	(−2.27)	(−2.44)	(−3.01)	(−1.19)	(−0.42)	(−0.80)	(−0.61)	(0.66)
Roa	0.013***	0.013***	0.014**	0.017***	0.016***	0.016***	0.021***	0.022***
	(3.26)	(3.28)	(2.04)	(3.25)	(4.19)	(4.26)	(3.37)	(4.49)
Capint	0.003	0.003	−0.003	0.002	0.003*	0.003*	0.001	0.002
	(1.33)	(1.29)	(−0.91)	(0.88)	(1.92)	(1.77)	(0.57)	(0.81)
Intint	0.011	0.011	0.019*	0.007	0.008	0.009	0.010	0.007
	(1.61)	(1.59)	(1.87)	(0.79)	(1.44)	(1.47)	(1.32)	(1.03)
Tbq	0.000***	0.000***	0.000*	0.000*	0.001***	0.001***	0.001***	0.001***
	(2.89)	(2.93)	(1.80)	(1.90)	(4.38)	(4.43)	(3.80)	(3.10)
Board	0.000**	0.000**	0.000*	0.000	0.000**	0.000**	0.000	0.000*
	(2.27)	(2.24)	(1.82)	(1.50)	(2.34)	(2.32)	(1.61)	(1.86)
Indr	0.001	0.001	0.004	−0.004	0.003	0.003	0.008	0.001
	(0.16)	(0.14)	(0.56)	(−0.73)	(0.81)	(0.79)	(1.53)	(0.17)
Lnpay3	0.003***	0.003***	0.003***	0.002***	0.004***	0.004***	0.004***	0.004***
	(5.28)	(5.26)	(3.56)	(3.50)	(8.41)	(8.41)	(7.65)	(7.44)
Top5	0.002	0.002	0.002	0.004	0.001	0.001	0.000	0.001
	(0.83)	(0.81)	(0.48)	(1.07)	(0.47)	(0.56)	(0.12)	(0.45)
Lqfld	0.000	0.000	0.000	0.000	0.000	0.000	0.000	0.000
	(1.07)	(1.03)	(0.88)	(0.83)	(1.39)	(1.36)	(1.58)	(1.14)
Constant	0.088***	0.088***	0.121***	0.073***	0.034***	0.035***	0.021*	0.021**
	(5.77)	(5.78)	(4.10)	(4.34)	(3.79)	(3.90)	(1.81)	(2.20)
Ind	Yes	Yes	Yes	Yes	Yes	Yes	Yes	Yes
Year	Yes	Yes	Yes	Yes	Yes	Yes	Yes	Yes
N	9 952	9 952	4 542	5 410	9 952	9 952	4 542	5 410
R^2	0.100	0.101	0.132	0.103				
调整 R^2	0.093	0.094	0.119	0.091				

注：括号中数值为 T 值，***、**、*分别表示在1%、5%、10%的统计水平上显著。

资料来源：作者使用STATA软件估计所得。

③基于托宾Q与欧拉方程的估计

Eberly等（2012）、Gala和Gomes（2012）等学者引入企业创新的滞后项，利用基于托宾Q方程的动态投资模型对企业的创新研发活动进行刻画；还有学者如Brown和Petersen（2011）、鞠晓生等（2013）等利用基于欧拉方程的凸性调整成本动态模型对企业的创新研发活动进行刻画。因此，本节也分别将企业创新的滞后项及企业创新滞后项的二次方引入回归模型（4-2）至模型（4-4）进行了稳健性检验，结果显示研究结论依然成立。检验结果见表4-9。

表4-9　　　基于托宾Q与欧拉方程估计的稳健性检验结果

项目	基于托宾Q方程的估计结果				基于欧拉方程的估计结果			
	全样本	全样本	过度金融化样本	适度金融化样本	全样本	全样本	过度金融化样本	适度金融化样本
L.Ird^2					0.156 (0.49)	0.182 (0.57)	0.852** (2.10)	−0.356 (−0.71)
L.Ird	0.844*** (79.64)	0.842*** (79.44)	0.830*** (56.87)	0.856*** (55.66)	0.832*** (42.67)	0.829*** (42.61)	0.766*** (28.61)	0.881*** (30.09)
Exfin^2	−0.056*** (−6.02)				−0.056*** (−6.02)			
A_Exfin		−0.017*** (−7.78)				−0.017*** (−7.80)		
Exfin	−0.007*** (−4.21)		−0.024*** (−8.75)	0.009*** (2.70)	−0.007*** (−4.21)		−0.024*** (−8.80)	0.009*** (2.70)
Lnsize	−0.001*** (−4.64)	−0.001*** (−4.95)	−0.001*** (−3.68)	−0.001*** (−3.20)	−0.001*** (−4.82)	−0.001*** (−5.15)	−0.001*** (−4.04)	−0.001*** (−3.10)
Lev	−0.000 (−0.21)	−0.000 (−0.33)	0.000 (0.46)	−0.001 (−0.65)	−0.000 (−0.25)	−0.000 (−0.37)	0.000 (0.29)	−0.001 (−0.55)
Cash	0.002** (2.19)	−0.000 (−0.27)	0.004*** (2.64)	0.003 (1.28)	0.002** (2.16)	−0.000 (−0.29)	0.003** (2.45)	0.003 (1.26)
Roa	0.007** (2.46)	0.008*** (2.84)	0.005 (1.27)	0.008** (2.10)	0.007** (2.52)	0.008*** (2.91)	0.006 (1.44)	0.008** (2.08)
Capint	0.003*** (4.39)	0.003*** (4.02)	0.002* (1.93)	0.003*** (3.70)	0.003*** (4.41)	0.003*** (4.04)	0.002* (1.88)	0.003*** (3.61)
Intint	−0.001 (−0.59)	−0.001 (−0.43)	−0.001 (−0.33)	−0.002 (−0.57)	−0.001 (−0.65)	−0.001 (−0.49)	−0.002 (−0.61)	−0.001 (−0.48)
Tbq	0.000** (2.17)	0.000** (2.41)	0.000 (1.45)	0.000 (1.63)	0.000** (2.13)	0.000** (2.36)	0.000 (1.38)	0.000* (1.71)
Board	0.000** (2.17)	0.000** (2.24)	0.000 (1.50)	0.000 (1.61)	0.000** (2.15)	0.000** (2.21)	0.000 (1.50)	0.000* (1.67)
Indr	0.005*** (2.65)	0.005*** (2.70)	0.009*** (3.08)	0.002 (0.68)	0.005*** (2.62)	0.005*** (2.66)	0.009*** (3.06)	0.002 (0.74)
Lnpay3	0.001*** (6.24)	0.001*** (6.30)	0.001*** (4.69)	0.001*** (4.20)	0.001*** (6.33)	0.001*** (6.39)	0.001*** (4.77)	0.001*** (4.13)
Top5	−0.001 (−0.96)	−0.000 (−0.58)	0.000 (0.22)	−0.001 (−1.50)	−0.001 (−0.93)	−0.000 (−0.54)	0.000 (0.32)	−0.001 (−1.56)

项目	基于托宾Q方程的估计结果				基于欧拉方程的估计结果			
	全样本	全样本	过度金融化样本	适度金融化样本	全样本	全样本	过度金融化样本	适度金融化样本
Lqfld	0.000*	0.000*	0.000	0.000	0.000*	0.000*	0.000	0.000
	(1.87)	(1.84)	(1.26)	(1.47)	(1.88)	(1.86)	(1.31)	(1.47)
Constant	−0.005*	−0.004	−0.006	−0.003	−0.005*	−0.003	−0.005	−0.003
	(−1.75)	(−1.15)	(−1.29)	(−0.63)	(−1.67)	(−1.06)	(−0.98)	(−0.76)
Ind	Yes	Yes	Yes	Yes	Yes	Yes	Yes	Yes
Year	Yes	Yes	Yes	Yes	Yes	Yes	Yes	Yes
N	7 452	7 452	3 411	4 041	7 452	7 452	3 411	4 041
R^2	0.839	0.839	0.853	0.831	0.839	0.839	0.853	0.831
调整 R^2	0.837	0.837	0.849	0.827	0.837	0.837	0.849	0.827

注：括号中数值为T值，***、**、*分别表示在1%、5%、10%的统计水平上显著。

资料来源：作者使用STATA软件估计所得。

（3）考虑内生性问题的检验

①基于倾向值匹配法的检验

本节将是否过度金融化（Exfin_01）作为计量依据，运用倾向值匹配法（PSM）对不同金融化适度性情形下企业创新活动的差异进行了检验。其中，若企业当期过度金融化则Exfin_01取值为1，为处理组；否则取值为0，为控制组。首先我们通过循环检验选择了资产规模（Lnsize）、现金持有量（Cash）、资产收益率（Roa）、资产负债率（Lev）、托宾Q值（Tbq）、股权集中度（Top5）、高管薪酬（Lnpay3）、企业资本密集度（Capint）和董事会规模（Board）等作为倾向得分匹配的协变量。然后估计倾向得分、构造平衡样本。在此基础上，将过度金融化样本企业与适度金融化样本企业进行匹配，发现其ATT值在1%的显著性水平上小于0，表明过度金融化企业的创新投入显著低于适度金融化企业的创新投入，验证了金融化适度性差异对企业创新影响的异质性确实存在。检验结果见表4-10。

表4-10　　基于倾向值匹配法的检验结果

项目	样本	处理组	控制组	Difference	标准误	T值
Ird	Unmatched	0.020	0.021	−0.001	0.000	1.80*
	ATT	0.020	0.023	−0.003	0.001	−5.01***

注：表中ATT的Difference即处理组的平均处理效应。***、**、*分别表示在1%、5%、10%的统计水平上显著。

资料来源：作者使用STATA软件估计所得。

89
企业金融化适度性与创新
第 4 章

②基于近似外生工具变量的检验

事实上金融化适度性在影响企业创新的同时，企业对创新活动的决策也可能对企业金融化的决策产生一定的影响，从而产生反向因果关系所导致的内生性问题。为了降低反向因果关系或遗漏不可控因素等问题对研究结论所造成的干扰，本节选取同一行业、同一年度的企业金融化均值作为工具变量。理论上，企业在进行金融化决策时会参照整个行业的金融化水平，但整个行业的金融化水平并不会受到某一企业创新决策的影响，因此该工具变量的选择具有一定的合理性。但值得注意的是，也存在某些特定情况如该企业是该行业的龙头企业，此时该企业的投融资和创新决策则可能产生一定的羊群效应，传导至该行业的其他企业，从而微弱地影响到整个行业的金融化水平。基于这种情况发生的可能性，本节借鉴Conley等（2012）、Nevo和Rosen（2012）的处理方法，放松对于该工具变量的完全外生假定，做出其近似外生的假设，并在此前提下对主假设进行了稳健性检验。基于近似外生工具变量的检验结果表明，即使本节选取的工具变量不完全外生，但过度金融化对于创新的影响系数仍分布在零点的左侧，即过度金融化会抑制创新，而适度金融化对于创新的影响系数分布在零点的右侧，即适度金融化会促进创新，从而降低了反向因果关系所带来的内生性问题，增强了本章结论的稳健性。检验结果见表4-11。

表4-11　　　　　　基于近似外生工具变量的检验结果

项目	样本量	变量	置信区间集合法（UCI）		近似于零法（LTZ）	
			下界	上界	系数	T值
过度金融化样本	4 542	Exfin	−0.196	−0.090	−0.141	−4.31***
		Constant	0.026	0.033	0.029	14.77***
适度金融化样本	5 410	Exfin	0.012	0.092	0.054	2.15**
		Constant	0.021	0.025	0.023	18.09***

注：***、**、*分别表示在1%、5%、10%的统计水平上显著。

资料来源：作者使用STATA软件估计所得。

（4）基于行业识别的检验

当面临资本聚集能力和生产能力都具有快速扩张特征的行业时，制造业企业更易陷入融资约束、资本边际投资收益下降的危机之中（Harman，2010），为了缓解这种境况，制造业企业更愿意将资源优先投入到金融市场中来获得超额回报，进而引发金融化对创新影响的一系列问题，因此企业金融化适度性对创新的影响可能更体现在制造业企业当中。同时，由于越来越多的企业投资房地产进行套利导致房地产行业越来越脱离实体经济部门，表现出脱实向虚的特征（宋军和陆旸，2015；王红建等，2016），而导致房地产行业中企业金融化适度性对创新的影响具有其特殊性。考虑到二者关系的行业识别问题，本节将样本企业分为制造业与非制造业样本企业以及房地产业与非房地产业样本企业分别进行检验（见表4-12）。

表4-12　　　　　　　　基于行业识别的检验结果

项目	制造业行业识别检验结果				房地产业行业识别检验结果			
	制造业样本企业		非制造业样本企业		房地产业样本企业		非房地产业样本企业	
	过度金融化样本	适度金融化样本	过度金融化样本	适度金融化样本	过度金融化样本	适度金融化样本	过度金融化样本	适度金融化样本
Exfin	−0.024***	0.015***	−0.027**	0.032***	0.000	0.002	−0.025***	0.019***
	(−5.69)	(3.11)	(−2.34)	(3.66)	(0.10)	(0.15)	(−6.05)	(4.33)
Lnsize	−0.002***	−0.002***	−0.002***	−0.003***	−0.001*	−0.001*	−0.002***	−0.002***
	(−6.28)	(−6.11)	(−3.05)	(−5.61)	(−1.99)	(−1.75)	(−6.51)	(−7.73)
Lev	0.001	−0.001	−0.000	0.002	0.004	0.014***	0.001	−0.001
	(0.60)	(−0.76)	(−0.01)	(0.56)	(1.54)	(4.57)	(0.45)	(−0.41)
Cash	0.000	0.003	0.020***	0.020***	0.000	−0.004	0.006**	0.008**
	(0.15)	(0.81)	(3.71)	(2.75)	(0.24)	(−0.51)	(2.52)	(2.51)
Roa	0.042***	0.039***	0.036**	0.047***	0.002	−0.019	0.041***	0.042***
	(6.27)	(6.48)	(2.27)	(3.55)	(0.20)	(−1.50)	(6.49)	(7.51)
Capint	−0.001	−0.004**	0.002	0.001	0.002	−0.022***	0.000	−0.003*
	(−0.52)	(−2.32)	(0.47)	(0.24)	(0.26)	(−3.23)	(0.21)	(−1.95)
Intint	−0.022***	−0.004	0.040***	0.035***	0.003	0.011	−0.000	0.007
	(−3.17)	(−0.60)	(3.83)	(3.54)	(0.17)	(0.70)	(−0.07)	(1.27)
Tbq	0.001***	0.001***	0.001***	0.001***	0.001***	0.005***	0.001***	0.001***
	(4.27)	(3.05)	(2.62)	(2.66)	(3.31)	(5.02)	(5.18)	(3.91)

续表

项目	制造业行业识别检验结果				房地产业行业识别检验结果			
	制造业样本企业		非制造业样本企业		房地产业样本企业		非房地产样本企业	
	过度金融化样本	适度金融化样本	过度金融化样本	适度金融化样本	过度金融化样本	适度金融化样本	过度金融化样本	适度金融化样本
Board	0.000 (0.88)	0.000 (0.10)	0.000 (1.15)	0.001*** (2.59)	0.000 (0.57)	0.000* (2.03)	0.000 (1.07)	0.000 (1.64)
Indr	0.011** (2.03)	−0.000 (−0.03)	0.017* (1.73)	0.022** (2.32)	0.007 (1.43)	−0.003 (−0.42)	0.011** (2.31)	0.006 (1.35)
Lnpay3	0.005*** (9.76)	0.004*** (11.21)	0.006*** (6.71)	0.005*** (6.04)	0.000 (0.26)	−0.001 (−0.90)	0.005*** (11.54)	0.005*** (12.64)
Top5	−0.001 (−0.79)	−0.001 (−0.90)	−0.003 (−0.87)	−0.003 (−0.85)	−0.002 (−1.38)	−0.004* (−2.08)	−0.001 (−0.95)	−0.002 (−1.48)
Lqfld	0.000*** (3.70)	0.000 (1.56)	0.000 (0.54)	0.000 (0.97)	−0.000 (−0.26)	−0.000** (−2.43)	0.000*** (3.39)	0.000* (1.77)
Constant	−0.007 (−0.80)	−0.002 (−0.31)	−0.049*** (−3.26)	−0.005 (−0.36)	0.006 (0.98)	0.021** (2.45)	−0.018** (−2.34)	−0.007 (−0.94)
Ind	Yes	Yes	Yes	Yes	Yes	Yes	Yes	Yes
Year	Yes	Yes	Yes	Yes	Yes	Yes	Yes	Yes
N	3 477	4 144	1 065	1 266	59	40	4 483	5 370
R^2	0.260	0.252	0.638	0.609	0.768	0.954	0.397	0.386
调整 R^2	0.249	0.243	0.615	0.590	0.645	0.910	0.385	0.375

注：括号中数值为T值，***、**、*分别表示在1%、5%、10%的统计水平上显著。

资料来源：作者使用STATA软件估计所得。

结果显示，制造业样本企业与非制造业样本企业中金融化适度性对创新的影响均显著，通过组间差异检验发现，两组样本中的过度金融化回归系数在10%的显著性水平上存在显著性差异，说明制造业确实存在行业识别现象；同时，房地产业样本企业中金融化适度性对创新的影响均不显著，而在非房地产业样本企业中金融化适度性对创新的影响均显著，其中过度金融化与创新在1%的显著性水平上负相关，适度金融化与创新在1%的显著性水平上正相关，说明房地产业中也确实存在行业识别现象。检验结果与预期相符。

（5）考虑金融危机的检验

考虑到金融危机可能对企业金融化和创新的冲击，参照杜勇等（2017）的检验方法，剔除2008年与2009年的样本观测值重新进行检验。检验结果与主结论基本一致。检验结果见表4-13。

表4-13 考虑金融危机的稳健性检验结果

项目	模型 4-1 全样本	模型 4-2 全样本	模型 4-3 全样本	模型 4-4 全样本	模型 4-5 过度金融化样本	模型 4-6 适度金融化样本
Fin	−0.018*** (−10.60)					
Exfin^2			−0.066*** (−5.48)			
A_Exfin				−0.022*** (−7.82)		
Exfin		−0.006*** (−2.59)	−0.006** (−2.44)		−0.027*** (−6.60)	0.017*** (3.92)
Lnsize	−0.002*** (−9.07)	−0.002*** (−10.06)	−0.002*** (−10.05)	−0.002*** (−10.28)	−0.002*** (−6.71)	−0.002*** (−7.49)
Lev	−0.001 (−1.36)	0.000 (0.27)	−0.000 (−0.05)	−0.000 (−0.33)	0.001 (0.44)	−0.001 (−0.76)
Cash	0.017*** (8.43)	0.004** (2.34)	0.006*** (3.04)	0.004** (2.57)	0.006*** (2.60)	0.007** (2.34)
Roa	0.037*** (8.99)	0.039*** (9.27)	0.038*** (9.21)	0.039*** (9.39)	0.040*** (6.37)	0.038*** (6.79)
Capint	−0.004*** (−3.13)	−0.000 (−0.38)	−0.001 (−0.92)	−0.001 (−1.26)	0.001 (0.33)	−0.003* (−1.79)
Intint	0.001 (0.37)	0.005 (1.15)	0.004 (1.09)	0.005 (1.16)	−0.000 (−0.02)	0.008 (1.33)
Tbq	0.001*** (5.86)	0.001*** (5.62)	0.001*** (5.92)	0.001*** (6.05)	0.001*** (4.67)	0.001*** (3.75)
Board	0.000* (1.84)	0.000* (1.93)	0.000* (1.78)	0.000* (1.74)	0.000 (0.75)	0.000* (1.65)
Indr	0.008*** (2.72)	0.009*** (2.79)	0.009*** (2.73)	0.009*** (2.75)	0.012*** (2.59)	0.006 (1.31)
Lnpay3	0.005*** (17.88)	0.005*** (17.48)	0.005*** (17.32)	0.005*** (17.32)	0.005*** (11.73)	0.005*** (12.63)
Top5	−0.003*** (−3.47)	−0.002** (−2.20)	−0.002** (−2.09)	−0.002* (−1.85)	−0.001 (−0.98)	−0.003** (−2.00)
Lqfld	0.000*** (3.23)	0.000*** (2.98)	0.000*** (3.15)	0.000*** (3.17)	0.000*** (2.75)	0.000** (1.98)

续表

项目	模型 4-1	模型 4-2	模型 4-3	模型 4-4	模型 4-5	模型 4-6
	全样本	全样本	全样本	全样本	过度金融化样本	适度金融化样本
Constant	-0.019^{***}	-0.018^{***}	-0.017^{***}	-0.015^{***}	-0.023^{***}	-0.009
	(-3.72)	(-3.50)	(-3.30)	(-2.86)	(-2.99)	(-1.33)
Ind	Yes	Yes	Yes	Yes	Yes	Yes
Year	Yes	Yes	Yes	Yes	Yes	Yes
N	9 610	9 610	9 610	9 610	4 371	5 239
R^2	0.400	0.394	0.397	0.397	0.410	0.393
调整 R^2	0.394	0.388	0.391	0.392	0.398	0.382

注：括号中数值为 T 值，***、**、*分别表示在 1%、5%、10%的统计水平上显著。

资料来源：作者使用 STATA 软件估计所得。

经过上述稳健性检验后发现，模型中主要变量的系数大小及方向未发生显著变化，进一步证实了本章的研究结论，说明本章中模型的回归结果具有较强的稳健性。

4.2　企业金融化适度性与创新的传导路径

4.2.1　企业金融化适度性、融资约束与创新

有多位学者研究发现，融资约束会限制企业创新投资（卢馨等，2013；康志勇，2013），且其在创新的影响因素中能够起到中介作用（鞠晓生等，2013；胡艳和马连福，2015）。Brown 等（2009）研究发现，股票市场推动了美国 20 世纪 90 年代出现的创新高潮。这是因为金融市场的发展有利于缓解企业融资约束，并增强企业应对财务冲击的能力，保证企业创新投资的连续性。因此当企业适度金融化时，金融投资的变现能力强与周期短等特点致使其可能为创新活动所需资金拓宽融资渠道，从而降低融资约束，维持企业创新。然而对于我国企业而言，投资资金相对有限，企业在过度金融化时无法同时兼顾各种投资，而必须

在投资项目中做出选择。此时，由于创新活动投资周期长、投资回报不确定、投资金额较大且技术创新本身存在正向溢出效应等特点，企业更容易选择投资回报期较短、投资金额较为灵活的金融投资，而较难选择存在较高风险和不确定性情况的创新投资（郭丽婷，2017）。尤其是在存在融资约束的企业中，企业的过度金融化会占据企业大量的资源，进一步加剧融资约束，从而威胁到创新活动。因此融资约束应该能够在金融化适度性对创新的影响中起中介作用，对其中的影响机制进行传导。

本节对金融化适度性影响创新的融资约束传导路径进行了检验，结果见表4-14。融资约束传导路径全样本检验结果显示，在融资约束传导路径中，融资约束（Sa）与创新（Ird）的回归系数不显著，即融资约束并未显著影响企业创新，因此从总样本的角度融资约束并未在金融化适度性对创新的影响中起传导作用。

然而在不同的适度性情形下传导效果是否会有所不同？为了进一步搞清楚这个问题，本节对过度金融化和适度金融化两种情形下的融资约束传导路径分组进行了检验，结果见表4-14。融资约束传导路径分组检验结果显示，在过度金融化情形中，过度金融化（Exfin）与创新（Ird）的回归系数显著为负，表明过度金融化与创新显著负相关，即过度金融化会抑制创新；过度金融化（Exfin）与融资约束（Sa）的回归系数显著为负，表明过度金融化与企业融资约束显著负相关，即过度金融化能够缓解企业所面临的融资约束，体现出企业金融化的资金储备功能；融资约束（Sa）与创新（Ird）的回归系数显著为正，表明融资约束与创新显著正相关，这可能是由于重视创新的企业通常面临着较为严重的融资约束，如成长期企业、科技企业、民营企业等；在过度金融化、融资约束与创新的回归中，过度金融化（Exfin）的回归系数显著为负，融资约束（Sa）的回归系数显著为正，表明融资约束在过度金融化对创新的影响中起部分中介作用。而在适度金融化情形中，适度金融化（Exfin）与融资约束（Sa）以及融资约束（Sa）与创新（Ird）的回归系数均不显著，表明融资约束并未在适度金融化对创新的影响中起传导作用。

表 4-14

融资约束传导路径检验结果

项目	融资约束传导路径全样本检验				融资约束传导路径分组检验							
					过度金融样本估计结果				适度金融样本估计结果			
	Ird	Sa	Ird	Ird	Ird	Sa	Ird	Ird	Ird	Sa	Ird	Ird
A_Exfin	-0.022*** (-7.73)	-0.065*** (-4.50)		-0.022*** (-7.67)								
Exfin			0.003 (1.49)	0.002 (1.17)	-0.025*** (-6.09)	-0.154*** (-6.58)		-0.024*** (-5.87)	0.019*** (4.26)	-0.005 (-0.28)		0.019*** (4.26)
Sa							0.007*** (2.64)	0.005** (2.10)			-0.003 (-1.20)	-0.003 (-1.19)
Lnsize	-0.002*** (-10.45)	1.213*** (621.76)	-0.005** (-2.44)	-0.005** (-2.13)	-0.002*** (-6.53)	1.219*** (439.04)	-0.010*** (-3.19)	-0.009*** (-2.66)	-0.002*** (-7.83)	1.205*** (458.24)	0.001 (0.45)	0.001 (0.42)
Lev	-0.000 (-0.04)	-0.055*** (-9.32)	0.001 (0.56)	0.000 (0.07)	0.001 (0.43)	-0.058*** (-6.21)	0.001 (0.85)	0.001 (0.62)	-0.001 (-0.38)	-0.053*** (-6.98)	-0.000 (-0.14)	-0.001 (-0.49)
Cash	0.004*** (2.72)	0.086*** (10.65)	0.002 (1.25)	0.004*** (2.59)	0.006** (2.56)	0.115*** (9.05)	0.000 (0.11)	0.006** (2.29)	0.008*** (2.59)	0.092*** (6.02)	0.010*** (3.35)	0.008*** (2.68)
Roa	0.041*** (10.00)	-0.326*** (-14.50)	0.042*** (10.19)	0.042*** (10.12)	0.041*** (6.53)	-0.376*** (-10.90)	0.044*** (7.10)	0.043*** (6.84)	0.041*** (7.46)	-0.286*** (-9.81)	0.040*** (7.17)	0.040*** (7.27)
Capint	-0.002 (-1.33)	0.053*** (6.81)	-0.001 (-0.71)	-0.002 (-1.41)	0.000 (0.25)	0.040*** (3.08)	0.001 (0.55)	0.000 (0.14)	-0.003* (-1.92)	0.060*** (6.21)	-0.002 (-1.13)	-0.003* (-1.79)
Intint	0.005 (1.17)	0.099*** (4.42)	0.005 (1.17)	0.005 (1.12)	-0.000 (-0.05)	0.076** (2.07)	-0.000 (-0.02)	-0.001 (-0.12)	0.008 (1.39)	0.113*** (4.20)	0.008 (1.43)	0.008 (1.45)

续表

项目	融资约束传导路径全样本检验				融资约束传导路径分组检验							
					过度金融化样本估计结果				适度金融化样本估计结果			
	Ird	Sa	Ird	Ird	Ird	Sa	Ird	Ird	Ird	Sa	Ird	Ird
Tbq	0.001***(6.48)	0.016***(20.37)	0.001***(5.71)	0.001***(6.12)	0.001***(5.18)	0.016***(14.25)	0.001***(4.39)	0.001***(4.62)	0.001***(3.93)	0.015***(14.41)	0.001***(3.72)	0.001***(4.07)
Board	0.000***(1.98)	0.001(0.92)	0.000**(2.15)	0.000**(1.97)	0.000(1.02)	0.000(0.41)	0.000(1.17)	0.000(1.01)	0.000*(1.65)	0.001(0.99)	0.000*(1.76)	0.000*(1.67)
Indr	0.008***(2.70)	0.162***(7.90)	0.008***(2.60)	0.008***(2.60)	0.011***(2.38)	0.138***(4.40)	0.010**(2.24)	0.010**(2.22)	0.006(1.42)	0.166***(6.18)	0.006(1.49)	0.006(1.53)
Lnpay3	0.005***(17.15)	−0.007***(−4.14)	0.005***(17.35)	0.005***(17.19)	0.005***(11.51)	−0.008***(−3.40)	0.005***(11.73)	0.005***(11.59)	0.005***(12.70)	−0.005**(−2.35)	0.005***(12.71)	0.005***(12.67)
Top5	−0.001(−1.50)	0.130***(19.78)	−0.002*(−1.89)	−0.002*(−1.70)	−0.002(−1.05)	0.135***(13.40)	−0.002(−1.37)	−0.002(−1.48)	−0.002(−1.52)	0.120***(13.74)	−0.002(−1.49)	−0.002(−1.20)
Lqfld	0.000***(3.42)	−0.001***(−10.43)	0.000***(3.32)	0.000***(3.48)	0.000***(3.38)	−0.001***(−5.83)	0.000***(3.44)	0.000***(3.52)	0.000*(1.74)	−0.001***(−8.30)	0.000(1.46)	0.000(1.57)
Constant	−0.010*(−1.95)	−22.14***(−500.31)	0.045(1.14)	0.035(0.89)	−0.017**(−2.24)	−22.23***(−347.25)	0.134**(2.28)	0.105*(1.78)	−0.006(−0.91)	−22.04***(−363.37)	−0.075(−1.34)	−0.072(−1.27)
Ind	Yes	Yes	Yes	Yes	Yes	Yes	Yes	Yes	Yes	Yes	Yes	Yes
Year	Yes	Yes	Yes	Yes	Yes	Yes	Yes	Yes	Yes	Yes	Yes	Yes
N	9 952	9 952	9 952	9 952	4 542	4 542	4 542	4 542	5 410	5 410	5 410	5 410
R^2	0.394	0.997	0.390	0.394	0.406	0.997	0.402	0.407	0.391	0.997	0.388	0.391
调整 R^2	0.389	0.997	0.384	0.389	0.394	0.997	0.390	0.395	0.380	0.997	0.378	0.380

注：括号中数值为T值，***、**、*分别表示在1%、5%、10%的统计水平上显著。

资料来源：作者使用STATA软件估计所得。

通过上述检验发现，虽然总体上融资约束并不能对金融化适度性对企业创新的影响进行传导，但对不同金融化适度性进行分组后检验发现，融资约束是过度金融化抑制创新的传导路径之一。

4.2.2 企业金融化适度性、金融渠道获利与创新

企业金融化除了为创新项目所需资金发挥资金储备功能外，还具备资本套利功能。因为相对于持有现金而言，金融化行为作为一种短期投资能够获得相应的投资收益并改善企业经营业绩，从而为企业创新投资提供融资保障。但是在企业不断套利、过度金融化的同时，企业会逐渐倾向于更易获利的金融投资，陷入金融获利投资金融的恶性循环，从而削弱进行创新的动力，挤出创新。已有研究发现，非金融企业的金融化行为会对企业积累率产生不利影响，导致实体投资减少、经济增长脆弱或停滞，忽视企业长期发展。此外，金融危机导致的金融收益下降对企业积累率具有积极的影响（Tori 和 Onaran，2017）。因此，金融渠道获利能够在金融化适度性对创新的影响中起中介作用，对其中的影响机制进行传导。

本节对金融化适度性影响创新的金融渠道获利传导路径进行了检验，结果见表 4-15。全样本检验结果显示，在金融渠道获利传导路径中，金融化适度性的绝对值（A_Exfin）与创新（Ird）的回归系数显著为负，表明非效率金融化会抑制创新；金融化适度性的绝对值（A_Exfin）与金融渠道获利（Fpr）的回归系数显著为正，表明非效率金融化与金融渠道获利显著正相关，即非效率金融化会提高企业的金融渠道获利能力，体现出企业金融化的资本套利功能；金融渠道获利（Fpr）与创新（Ird）的回归系数显著为负，表明随着企业金融渠道获利能力的增强创新在逐渐减弱；在金融化适度性的绝对值、金融渠道获利与创新的回归中，金融化适度性绝对值（A_Exfin）的回归系数显著为负，金融渠道获利（Fpr）的回归系数也显著为负，表明金融渠道获利在金融化适度性对创新的影响中起到了部分中介作用。

那么，金融渠道获利在不同的适度性情形下是如何传导的呢？为了进一步搞清楚这个问题，本节对金融渠道获利的传导路径进行了分组检验，结果见表 4-15。金融渠道获利传导路径分组检验结果显示，在过

表 4-15　金融渠道获利传导路径检验结果

项目	金融渠道获利传导路径全样本检验				金融渠道获利传导路径分组检验							
					过度金融化样本估计结果				适度金融化样本估计结果			
	Ird	Fpr	Ird	Ird	Ird	Fpr	Ird	Ird	Ird	Fpr	Ird	Ird
A_Exfin	-0.022*** (-7.73)	1.043*** (4.14)		-0.022*** (-7.60)								
Exfin					-0.025*** (-6.09)	2.821*** (6.56)		-0.024*** (-5.86)	0.019*** (4.26)	0.025 (0.08)		0.019*** (4.26)
Fpr			-0.000*** (-3.20)	-0.000*** (-2.83)			-0.000** (-2.49)	-0.000* (-1.80)			-0.000* (-1.88)	-0.000* (-1.90)
Lnsize	-0.002*** (-10.45)	0.069*** (3.78)	-0.002*** (-10.20)	-0.002*** (-10.32)	-0.002*** (-6.53)	0.054* (1.93)	-0.002*** (-6.48)	-0.002*** (-6.47)	-0.002*** (-7.83)	0.062*** (2.68)	-0.002*** (-7.58)	-0.002*** (-7.75)
Lev	-0.000 (-0.04)	0.159 (1.54)	0.000 (0.48)	0.000 (0.02)	0.001 (0.43)	-0.052 (-0.31)	0.001 (0.59)	0.001 (0.42)	-0.001 (-0.38)	0.286** (2.25)	0.000 (0.04)	-0.000 (-0.31)
Cash	0.004*** (2.72)	-0.367*** (-3.34)	0.002 (1.32)	0.004*** (2.63)	0.006** (2.56)	-1.757*** (-8.22)	0.000 (0.14)	0.006** (2.32)	0.008*** (2.59)	0.033 (0.17)	0.010*** (3.26)	0.008*** (2.59)
Roa	0.041*** (10.00)	-10.33*** (-36.41)	0.037*** (8.73)	0.037*** (8.82)	0.041*** (6.53)	-10.32*** (-24.01)	0.037*** (5.83)	0.037*** (5.85)	0.041*** (7.46)	-10.03*** (-28.17)	0.037*** (6.47)	0.038*** (6.56)
Capint	-0.00200 (-1.33)	-0.467*** (-4.22)	-0.001 (-0.76)	-0.002 (-1.46)	0.000 (0.25)	-1.044*** (-5.29)	0.001 (0.46)	0.000 (0.08)	-0.003* (-1.92)	-0.075 (-0.58)	-0.002 (-1.27)	-0.003* (-1.93)
Intint	0.005 (1.17)	-0.431 (-1.35)	0.005 (1.19)	0.005 (1.13)	-0.000 (-0.05)	-0.459 (-0.78)	0.000 (0.04)	-0.000 (-0.07)	0.008 (1.39)	-0.371 (-1.06)	0.008 (1.35)	0.008 (1.37)

续表

项目	金融渠道获利传导路径全样本检验				金融渠道获利传导路径分组检验						
					过度金融化样本估计结果				适度金融化样本估计结果		
	Ird	Fpr	Ird	Ird	Ird	Fpr	Ird	Ird	Fpr	Ird	Ird
Tbq	0.001*** (6.48)	0.078*** (7.22)	0.001*** (6.35)	0.001*** (6.68)	0.001*** (5.18)	0.082*** (5.13)	0.001*** (5.26)	0.001*** (5.34)	0.077*** (5.26)	0.001*** (3.69)	0.001*** (4.04)
Board	0.000*** (1.98)	0.016 (1.63)	0.000** (2.22)	0.000** (2.03)	0.000 (1.02)	0.047*** (2.88)	0.000 (1.30)	0.000 (1.11)	-0.007 (-0.60)	0.000* (1.73)	0.000 (1.64)
Indr	0.008*** (2.70)	0.364 (1.34)	0.009*** (2.78)	0.008*** (2.74)	0.011** (2.38)	0.190 (0.45)	0.011** (2.45)	0.011** (2.39)	0.523 (1.46)	0.006 (1.42)	0.006 (1.46)
Lnpay3	0.005*** (17.15)	-0.010 (-0.48)	0.005*** (17.28)	0.005*** (17.14)	0.005*** (11.51)	0.0300 (0.84)	0.005*** (11.64)	0.005*** (11.52)	-0.043 (-1.60)	0.005*** (12.70)	0.005*** (12.66)
Top5	-0.001 (-1.50)	-0.627*** (-6.79)	-0.002* (-1.88)	-0.002* (-1.72)	-0.002 (-1.05)	-0.681*** (-4.68)	-0.001 (-1.01)	-0.002 (-1.19)	-0.492*** (-4.21)	-0.003* (-1.94)	-0.002 (-1.63)
Lqfld	0.000*** (3.42)	0.001 (0.87)	0.000*** (3.25)	0.000*** (3.45)	0.000*** (3.38)	0.001 (0.46)	0.000*** (3.26)	0.000*** (3.39)	0.002 (1.06)	0.000* (1.67)	0.000* (1.77)
Constant	-0.010* (-1.95)	-0.948** (-2.22)	-0.013** (-2.53)	-0.010** (-2.02)	-0.017** (-2.24)	-0.632 (-0.94)	-0.019** (-2.51)	-0.017** (-2.26)	-0.702 (-1.28)	-0.009 (-1.36)	-0.007 (-0.95)
Ind	Yes	Yes	Yes	Yes	Yes	Yes	Yes	Yes	Yes	Yes	Yes
Year	Yes	Yes	Yes	Yes	Yes	Yes	Yes	Yes	Yes	Yes	Yes
N	9 952	9 952	9 952	9 952	4 542	4 542	4 542	4 542	5 410	5 410	5 410
R^2	0.394	0.184	0.391	0.395	0.406	0.200	0.402	0.407	0.206	0.388	0.391
调整 R^2	0.389	0.177	0.385	0.389	0.394	0.184	0.390	0.394	0.192	0.378	0.381

注：括号中数值为 T 值，***、**、*分别表示在 1%、5%、10%的统计水平上显著。
资料来源：作者使用 STATA 软件估计所得。

度金融化情形中，过度金融化（Exfin）与金融渠道获利（Fpr）的回归系数显著为正，表明过度金融化与企业金融渠道获利显著正相关，即过度金融化会提高企业金融渠道获利；金融渠道获利（Fpr）与创新（Ird）的回归系数显著为负，表明金融渠道获利与创新显著负相关，即随着企业金融渠道获利能力的增强，创新会被削弱；在过度金融化、金融渠道获利与创新的回归中，过度金融化（Exfin）的回归系数显著为负，金融渠道获利（Fpr）的回归系数也显著为负，表明金融渠道获利在过度金融化对创新的影响中起部分中介作用。而在适度金融化情形中，适度金融化（Exfin）与金融渠道获利（Fpr）的回归系数并不显著，表明金融渠道获利并未在适度金融化对创新的影响中起传导作用。

通过上述检验发现，不仅总体上金融渠道获利能够对金融化适度性对企业创新的影响进行传导，而且进一步分组后金融渠道获利也是过度金融化抑制创新的传导路径之一。

4.2.3　企业金融化适度性、现金流约束与创新

融资约束、金融渠道获利均能够在过度金融化对创新的影响中进行传导，那么适度金融化的传导路径又有哪些？有学者研究发现，企业的创新活动由于其本身所具备的长期性和不确定性的特点导致其融资受到了严重的制约，致使其对企业内部现金流的依赖程度较高（Hall，2002；Brown 等，2009；Brown 和 Peterson，2011）。然而企业利用内部现金流进行创新活动面临着两个困境：一是企业内部财务不稳定，现金流约束可能导致创新活动因资金链断裂而中止；二是创新活动存在大量的调整成本，突然的中断和再延续会给企业带来更大的损失（Hall，2002、2005；鞠晓生等，2013）。由此可见，企业现金流约束给企业创新带来的影响非同小可。与其他投资相比，金融投资具有较低的调整成本和较高的变现能力。当企业内部发生财务波动时，受融资约束的企业不会同比例减少各种投资，而是根据调整成本的高低进行反向调整，即调整成本越高，减少的投资越少，最终保持各项投资的边际净收益相等（Fazzari 和 Petersen，1993）。相比之下，企业会减少有较低调整成本的金融投资，而将有限的现金流配置到高调整成本的创新活动上，从而保

证企业内部财务波动时创新活动的平稳持续。而另一方面，在企业过度金融化的情形下，企业金融化会占据企业过多的资源，导致企业的内部现金流减少，增加现金流约束，无法供给创新活动充足的内部资金，从而抑制了创新。已有研究发现，现金流在金融、创新以及经济增长的关系中扮演着十分重要的角色（Brown等，2009）。因此，内部现金流作为创新活动的重要融资来源，能够在金融化适度性对创新的影响过程中起传导作用。

本节对金融化适度性影响创新的现金流约束传导路径进行了检验，结果见表4-16。全样本检验结果显示：金融化适度性的绝对值（A_Exfin）与创新（Ird）的回归系数显著为负，表明非效率金融化与创新负相关，即非效率金融化会抑制创新；金融化适度性的绝对值（A_Exfin）与现金流约束（Cfo）的回归系数显著为负，表明非效率金融化与现金流约束显著负相关，即非效率金融化会加重企业的现金流约束；现金流约束（Cfo）与创新（Ird）的回归系数显著为正，表明企业中的现金流约束能够为创新所需的资金提供支持；在金融化适度性的绝对值、现金流约束与创新的回归中，金融化适度性绝对值（A_Exfin）的回归系数显著为负，内部现金流（Cfo）的回归系数显著为正，表明现金流约束在金融化对创新的影响中起部分中介作用。

为了搞清楚不同金融化适度性情形下现金流约束中介作用的异质性，本节对现金流约束传导路径进行了分组检验，结果见表4-16。现金流约束传导路径分组检验结果显示，在过度金融化与适度金融化的情形中，过度（适度）金融化（Exfin）与内部现金流（Cfo）的回归系数显著为正，表明过度（适度）金融化与内部现金流显著正相关，即企业金融化行为能够补充企业的内部现金流，缓解企业的现金流约束；现金流约束（Cfo）与创新（Ird）的回归系数显著为正，表明内部现金流与创新显著正相关，企业中的现金流约束能够为创新所需的资金提供支持；而在过度金融化、内部现金流与创新的回归中，过度金融化（Exfin）的回归系数显著为负，内部现金流（Cfo）的回归系数显著为正，表明内部现金流在过度金融化对创新的影响中起部分中介作用，主要表现为遮掩效应。在适度金融化、现金流约束与创新的回归中，适度金融化（Exfin）的回归系数显著为正，现金流约束（Cfo）的回归系数也显著为正，表明现金流约束在适度金融化对创新的影响中起部分中介作用。

表4-16 现金流约束传导路径检验结果

项目	现金流约束传导路径全样本检验			现金流约束传导路径分组检验							
				过度金融化样本估计结果				适度金融化样本估计结果			
	Ird	Cfo	Ird	Ird	Cfo	Ird	Ird	Ird	Cfo	Ird	Ird
A_Exfin	−0.022*** (−7.73)	−0.045*** (−3.65)	−0.021*** (−7.49)								
Exfin				−0.025*** (−6.09)	0.064*** (3.26)		−0.027*** (−6.55)	0.019*** (4.26)	0.161*** (9.22)		0.017*** (3.78)
Cfo			0.016*** (5.65)			0.022*** (5.11)	0.023*** (5.51)			0.014*** (3.71)	0.012*** (3.10)
Lnsize	−0.002*** (−10.45)	0.002** (2.36)	−0.002*** (−10.61)	−0.002*** (−6.53)	−0.001 (−1.00)	−0.002*** (−6.53)	−0.002*** (−6.48)	−0.002*** (−7.83)	0.003*** (3.04)	−0.002*** (−7.84)	−0.002*** (−7.97)
Lev	−0.000 (−0.04)	0.005 (1.14)	−0.000 (−0.11)	0.001 (0.43)	0.017 (2.44)	0.001 (0.40)	0.000 (0.18)	0.000 (0.06)	−0.012 (−2.11)	−0.000 (−0.27)	−0.000 (−0.27)
Cash	0.004*** (2.72)	0.112*** (19.90)	0.003 (1.61)	0.006** (2.56)	0.062*** (7.20)	−0.001 (−0.38)	0.005* (1.97)	0.008** (2.59)	0.021* (1.96)	0.009*** (3.08)	0.008** (2.51)
Roa	0.041*** (10.00)	0.576*** (32.70)	0.032*** (7.37)	0.041*** (6.53)	0.602*** (22.91)	0.029*** (4.30)	0.027*** (3.95)	0.041*** (7.46)	0.575*** (24.42)	0.032*** (5.46)	0.034*** (5.73)
Capint	−0.002 (−1.33)	0.160*** (31.30)	−0.003*** (−2.63)	0.000 (0.25)	0.160*** (19.32)	−0.002 (−1.00)	−0.003 (−1.60)	−0.003* (−1.92)	0.157*** (23.52)	−0.004*** (−2.66)	−0.005*** (−2.98)
Intint	0.005 (1.17)	0.119*** (8.42)	0.003 (0.72)	−0.000 (−0.05)	0.103*** (4.47)	−0.002 (−0.29)	−0.003 (−0.46)	0.008 (1.39)	0.138*** (7.80)	0.006 (1.01)	0.006 (1.08)

续表

| 项目 | 现金流约束传导路径全样本检验 | | | | 现金流约束传导路径分组检验 | | | | | | | |
| | | | | | 过度金融化样本估计结果 | | | | 适度金融化样本估计结果 | | | |
	Ird	Cfo	Ird	Ird	Ird	Cfo	Ird	Ird	Ird	Cfo	Ird	Ird
Tbq	0.001*** (6.48)	0.001** (2.07)	0.001*** (6.03)	0.001*** (6.38)	0.001*** (5.18)	0.001 (1.24)	0.001*** (4.96)	0.001*** (5.09)	0.001*** (3.93)	0.002*** (2.72)	0.001*** (3.49)	0.001*** (3.82)
Board	0.000** (1.98)	-0.001** (-2.22)	0.000** (2.28)	0.000** (2.10)	0.000 (1.02)	-0.001 (-0.91)	0.000 (1.26)	0.000 (1.09)	0.000* (1.65)	-0.001* (-1.65)	0.000* (1.82)	0.000* (1.73)
Indr	0.008*** (2.70)	-0.006 (-0.52)	0.009*** (2.77)	0.008*** (2.73)	0.011** (2.38)	0.020 (1.20)	0.011** (2.35)	0.011** (2.28)	0.006 (1.42)	-0.024 (-1.57)	0.006 (1.47)	0.006 (1.49)
Lnpay3	0.005*** (17.15)	0.008*** (6.95)	0.005*** (16.85)	0.005*** (16.74)	0.005*** (11.51)	0.006*** (3.92)	0.005*** (11.34)	0.005*** (11.20)	0.005*** (12.70)	0.009*** (6.23)	0.004*** (12.36)	0.004*** (12.39)
Top5	-0.001 (-1.50)	0.002 (0.49)	-0.002* (-1.66)	-0.001 (-1.54)	-0.002 (-1.05)	0.006 (0.93)	-0.001 (-0.87)	-0.002 (-1.14)	-0.002 (-1.52)	0.008 (1.55)	-0.003* (-1.88)	-0.002 (-1.59)
Lqfld	0.000*** (3.42)	0.000*** (2.25)	0.000*** (3.08)	0.000*** (3.28)	0.000*** (3.38)	0.000 (1.32)	0.000*** (3.13)	0.000*** (3.27)	0.000* (1.74)	0.000 (1.42)	0.000 (1.57)	0.000* (1.67)
Constant	-0.010* (-1.95)	-0.143*** (-7.26)	-0.010** (-2.01)	-0.008 (-1.54)	-0.017** (-2.24)	-0.062** (-2.14)	-0.018** (-2.33)	-0.015** (-2.05)	-0.006 (-0.91)	-0.177*** (-6.85)	-0.006 (-0.91)	-0.004 (-0.60)
Ind	Yes	Yes	Yes	Yes	Yes	Yes	Yes	Yes	Yes	Yes	Yes	Yes
Year	Yes	Yes	Yes	Yes	Yes	Yes	Yes	Yes	Yes	Yes	Yes	Yes
N	9952	9952	9952	9952	4542	4542	4542	4542	5410	5410	5410	5410
R²	0.394	0.356	0.392	0.396	0.406	0.361	0.405	0.411	0.391	0.383	0.390	0.392
调整R²	0.389	0.350	0.387	0.391	0.394	0.348	0.393	0.399	0.380	0.373	0.380	0.382

注：括号中数值为T值，***、**、*分别表示在1%、5%、10%的统计水平上显著。
资料来源：作者使用STATA软件估计所得。

除使用中介效应模型外，本节同时进行了中介效应的Sobel检验，结果基本一致。上述一系列的传导路径机制检验表明：金融化适度性影响创新的传导路径主要有三，且不同适度性情形下其传导路径有所不同。具体地，融资约束、金融渠道获利和现金流约束均能够在过度金融化与创新的关系中起中介作用，而仅有现金流约束在适度金融化与创新的关系中起中介作用。

4.3 基于企业金融化主动性的分组研究

通常，企业在通过银行等金融机构进行融资时，存在需要按银行的要求被动购买理财产品的现象，这部分金融资产配置更倾向于被动持有而非企业主动进行配置所产生的。相对于主动金融化而言，企业被动金融化更容易出现在融资环境恶劣、内部的融资渠道受阻的情形下，企业为了得到外部融资而被迫持有金融资产。在这种情形下，企业创新同时也会面临严峻的融资环境，使其创新投资决策和创新能力受到金融化适度性的影响更为敏感。为此，本节将企业金融化主动性的问题考虑在内。由于企业金融化的主动性很难直接找到恰当的衡量指标，因此本节从以下三个方面来刻画企业金融化主动性，以期能部分反映由于其主动或被动金融化的不同对企业创新所带来的异质性影响。

4.3.1 基于企业性质角度的考察

首先，本节考察了企业性质所带来的金融化适度性与创新关系的异质性。由于国有企业能够享受"母爱光环"的庇护，导致其在融资过程中能够通过更多的政治资源来获得融资便利性，因此与非国有企业相比，国有企业主动金融化的倾向更高，而非国有企业则可能面临更多的被动金融化困境。基于此，本节根据企业性质将样本企业分为国有企业组和非国有企业组分别进行了检验，结果见表4-17。基于企业性质的检验结果表明，与主动金融化的国有企业相比，在被动金融化的非国有企业中创新受金融化适度性的影响更为显著，与预期相符。

表4-17 基于企业性质和企业生命周期视角的检验结果

项目	基于企业性质检验				基于企业生命周期检验					
	国有企业样本（主动）		非国有企业样本（被动）		成长期样本企业（被动）		成熟期样本企业（主动）		衰退期样本企业（主动）	
	过度金融化样本	适度金融化样本	过度金融化样本	适度金融化样本	过度金融化样本	适度金融化样本	过度金融化样本	适度金融化样本	过度金融化样本	适度金融化样本
Exfin	−0.013*	0.018**	−0.029***	0.020***	−0.033***	0.020***	−0.017	0.017**	−0.008	0.021*
	(−1.72)	(1.97)	(−5.86)	(3.95)	(−6.55)	(3.02)	(−1.52)	(2.32)	(−0.70)	(1.86)
Lnsize	−0.003***	−0.003***	−0.002***	−0.002***	−0.002***	−0.002***	−0.002***	−0.003***	−0.001	−0.002**
	(−5.91)	(−6.44)	(−3.57)	(−4.59)	(−5.68)	(−4.85)	(−4.05)	(−6.06)	(−1.19)	(−2.45)
Lev	−0.001	−0.004*	−0.000	−0.001	0.002	−0.000	0.004	0.004*	−0.006*	−0.006
	(−0.47)	(−1.68)	(−0.05)	(−0.50)	(1.03)	(−0.01)	(1.29)	(1.81)	(−1.65)	(−1.63)
Cash	0.004	0.005	0.007***	0.006*	0.007**	0.012**	−0.000	0.006	0.016**	−0.003
	(0.91)	(0.77)	(2.21)	(1.74)	(2.02)	(2.37)	(−0.03)	(1.24)	(2.31)	(−0.37)
Roa	0.052***	0.039***	0.035***	0.045***	0.047***	0.043***	0.057***	0.046***	0.003	0.026**
	(5.88)	(4.55)	(4.18)	(6.18)	(5.27)	(4.77)	(5.36)	(5.00)	(0.22)	(2.07)
Capint	0.003	−0.002	0.001	−0.003*	0.002	−0.004*	−0.007*	−0.005**	0.006	0.001
	(1.02)	(−0.78)	(0.46)	(−1.65)	(0.90)	(−1.72)	(−1.94)	(−2.04)	(1.12)	(0.17)
Intint	0.004	−0.001	0.003	0.022***	0.001	0.017*	−0.018*	−0.01	0.036**	0.001
	(0.55)	(−0.09)	(0.31)	(2.59)	(0.11)	(1.94)	(−1.79)	(−1.19)	(2.16)	(0.05)
Tbq	−0.000	−0.001	0.001***	0.001***	0.001***	0.001***	0.001***	0.001**	0.001**	0.001**
	(−0.11)	(−1.14)	(6.07)	(5.14)	(3.90)	(3.25)	(2.90)	(2.21)	(2.09)	(2.03)

续表

项目	基于企业性质检验				基于企业生命周期检验					
	国有企业样本（主动）		非国有企业样本（被动）		成长期样本（被动）		成熟期样本（主动）		衰退期样本（主动）	
	过度金融化样本	适度金融化样本	过度金融化样本	适度金融化样本	过度金融化样本	适度金融化样本	过度金融化样本	适度金融化样本	过度金融化样本	适度金融化样本
Board	0.000 (0.14)	−0.000 (−0.40)	0.001* (1.89)	0.001*** (2.71)	0.000* (1.92)	−0.000 (−0.88)	0.000 (0.79)	0.001** (2.10)	−0.001 (−1.18)	0.001 (1.42)
Indr	0.007 (1.01)	0.006 (0.86)	0.017** (2.58)	0.012* (1.92)	0.018*** (2.96)	−0.001 (−0.20)	0.006 (0.62)	0.009 (1.22)	0.015 (1.15)	0.016 (1.43)
Lnpay3	0.005*** (6.39)	0.004*** (6.21)	0.005*** (9.91)	0.005*** (10.86)	0.004*** (7.73)	0.005*** (9.08)	0.005*** (6.57)	0.004*** (6.86)	0.006*** (4.65)	0.005*** (4.76)
Top5	0.005** (2.04)	0.003 (1.17)	−0.005*** (−2.60)	−0.003* (−1.88)	0.000 (0.18)	−0.003 (−1.43)	−0.007*** (−2.50)	−0.003 (−1.47)	−0.003 (−0.74)	−0.002 (−0.42)
Lqfld	0.000*** (3.95)	0.000*** (3.59)	0.000* (1.93)	0.000 (0.14)	0.000 (0.49)	0.000 (1.24)	0.000*** (3.25)	0.000 (0.44)	0.000 (1.13)	0.000 (1.25)
Constant	−0.001 (−0.13)	0.019* (1.83)	−0.023* (−1.79)	−0.018 (−1.64)	−0.013 (−1.26)	0.000 (0.01)	−0.007 (−0.46)	0.005 (0.52)	−0.035* (−1.79)	−0.033* (−1.88)
Ind	Yes	Yes	Yes	Yes	Yes	Yes	Yes	Yes	Yes	Yes
Year	Yes	Yes	Yes	Yes	Yes	Yes	Yes	Yes	Yes	Yes
N	1593	1958	2949	3452	2260	2561	1512	2039	760	800
R^2	0.464	0.455	0.399	0.370	0.427	0.372	0.432	0.440	0.425	0.456
调整 R^2	0.436	0.432	0.381	0.355	0.403	0.349	0.399	0.415	0.363	0.401

注：括号中数值为T值，***、**、*分别表示在1%、5%、10%的统计水平上显著。

资料来源：作者使用STATA软件估计所得。

4.3.2　基于企业生命周期角度的考察

企业生命周期理论认为企业处在不同的生命周期，其公司治理、经营、财务等方面会反映出不同的特征。因此，本节对企业生命周期所带来的金融化适度性与创新关系的异质性进行了考察。根据我国 A 股主板上市公司特征，本节主要将企业生命周期划分为成长期、成熟期和衰退期三个阶段。对于成长期企业来说，自有资金难以支撑企业快速扩张需要，其强烈的融资需求将导致其在外部融资的过程中更易被动配置金融资产。成熟期企业最大的优势则在于稳定的利润和持续的现金流，其稳定的内部融资来源将会降低企业为了外部融资而被迫持有金融资产的可能性，因此成熟期企业金融化更倾向于有选择性地主动配置。相较于成长期与成熟期，衰退期企业面临着市场对产品需求逐渐萎缩的严峻考验，这将导致其退出对于原产品的进一步研发，缩减创新投入，转而寻找新的利润增长点。因此衰退期企业无论是主动或被动金融化，可能都会自发地呈现出创新水平降低的现象，而并非是受到金融化适度性的影响。基于此，本节借鉴 Dickinson（2011）等学者的做法，采用现金流组合法将样本企业分为成长期组、成熟期组和衰退期组分别进行了检验，结果见表 4-17。基于企业生命周期的检验结果表明，随着企业生命周期的不断演进，在成长期、成熟期和衰退期企业中创新受金融化适度性影响的显著性水平递减，与预期相符。

4.3.3　基于企业主业增长水平角度的考察

Davis（2018）研究发现企业金融投资与实体投资间的关系可能受到销售增长水平的影响，因此本节对企业主业增长水平所带来的金融化适度性与创新关系的异质性进行了考察。当企业主业增长水平较低时，其主营业务产生的利润不足以支撑企业各方面的经营以及创新投资，于是企业会寻求其他利润增长点如寻找新的项目投资，并将金融化的超额回报作为支持企业创新平稳进行的主要资金来源之一，这种情景下企业将表现出主动金融化的特征；而当企业主业增长水平较高时，高增长速度对企业资源的需求将迅速增加，这导致企业为了获得足够的资源而增加其被动金融化的可能性。基于此，本节将样本企业分为低主业增长水平样本组（低于主业增长水平四分之一分位点的样本）和高主业增长水平样本组（高于主业增长水平四分之三分位点的样本）分别进行了检验，结果见表4-18。基于企业主业增长水平的检验结果显示，与主动金融化的低主业增长水平样本企业相比，在被动金融化的高主业增长水平样本企业中创新受金融化适度性的影响更为显著，与预期相符。

表4-18　　　　　　　基于企业主业增长水平的检验结果

项目	低主业增长水平样本（主动）		中主业增长水平样本（主动）		高主业增长水平样本（被动）	
	过度金融化样本	适度金融化样本	过度金融化样本	适度金融化样本	过度金融化样本	适度金融化样本
Exfin	−0.018*	0.020**	−0.022***	−0.008	−0.041***	0.020***
	(−1.94)	(2.36)	(−2.70)	(−0.61)	(−5.12)	(2.87)
Lnsize	−0.002**	−0.003***	−0.002***	−0.002***	−0.002***	−0.002***
	(−2.47)	(−5.47)	(−3.77)	(−2.95)	(−3.10)	(−3.90)
Lev	−0.004	−0.003	0.003	−0.004	0.003	0.001
	(−1.26)	(−1.05)	(0.78)	(−1.18)	(0.83)	(0.42)
Cash	0.005	0.011*	0.003	0.005	0.011**	0.009
	(1.08)	(1.66)	(0.67)	(0.69)	(2.14)	(1.51)
Roa	0.029**	0.014	0.021*	0.018	0.059***	0.064***
	(2.50)	(1.47)	(1.75)	(1.28)	(3.36)	(4.71)
Capint	0.003	−0.001	−0.004	−0.001	−0.004	−0.005
	(0.78)	(−0.38)	(−1.17)	(−0.40)	(−0.89)	(−1.50)
Intint	−0.003	−0.005	−0.002	−0.001	0.001	0.033***
	(−0.27)	(−0.57)	(−0.23)	(−0.11)	(0.09)	(2.75)
Tbq	0.000	0.000	0.001**	0.001	0.002***	0.001*
	(1.26)	(0.70)	(2.04)	(1.43)	(3.84)	(1.80)
Board	0.000	0.001**	0.000	0.000	−0.000	0.000
	(0.16)	(2.07)	(0.49)	(0.26)	(−0.95)	(0.24)
Indr	−0.001	0.003	0.017*	0.004	0.010	0.017*
	(−0.07)	(0.37)	(1.88)	(0.46)	(0.94)	(1.72)
Lnpay3	0.003***	0.005***	0.004***	0.005***	0.005***	0.004***
	(3.71)	(6.13)	(5.01)	(7.07)	(6.64)	(6.20)
Top5	−0.006*	−0.003	0.003	−0.004	−0.002	−0.001
	(−1.87)	(−1.28)	(1.03)	(−1.33)	(−0.50)	(−0.21)
Lqfld	0.000**	0.000	0.000	0.000*	0.000**	0.000
	(2.10)	(0.86)	(0.91)	(1.68)	(2.11)	(0.24)
Constant	0.005	−0.003	−0.011	−0.009	−0.022	−0.012
	(0.36)	(−0.23)	(−0.73)	(−0.51)	(−1.49)	(−0.88)
Ind	Yes	Yes	Yes	Yes	Yes	Yes
Year	Yes	Yes	Yes	Yes	Yes	Yes
N	1185	1302	1159	1328	1040	1449
R²	0.370	0.361	0.429	0.397	0.497	0.429
调整R²	0.324	0.320	0.385	0.357	0.454	0.393

注：括号中数值为T值，***、**、*分别表示在1%、5%、10%的统计水平上显著。

资料来源：作者使用STATA软件估计所得。

4.4　本章小结

本章以 2008—2017 年间中国沪深 A 股非金融上市公司为样本，对适度性甄别视角下企业金融化与创新之间的关系进行了理论分析与实证检验，探究了企业金融化适度性对创新影响的传导机制，并进行了基于企业金融化主动性的进一步研究。结果发现：首先，企业金融化与创新之间的关系并非是单纯的挤出效应，而在于其适度性。当不考虑企业金融化适度性时，企业金融化水平会挤出创新，这与已有研究结论相符；考虑金融化适度性后发现，金融化适度性与创新为显著的倒 U 形关系，具体表现为企业过度金融化会挤出创新，企业适度金融化有助于创新；此外非效率金融化与创新显著负相关，即企业非效率金融化（过度或不足）会挤出创新。通过分别替换自变量、因变量及部分控制变量的测量方式，检验过度与适度金融化分组的合理性、修正模型回归方法和设定形式，运用倾向得分匹配法和近似外生工具变量法解决内生性问题，从考虑行业识别及金融危机的影响等多个角度进行了稳健性检验，实证结果依然成立，说明本章的研究结论具有很强的稳健性。其次，对金融化适度性与创新的传导机制进行检验发现，金融化适度性与创新的传导路径有三，且不同适度性情形下其传导路径有所不同，具体地，融资约束、金融渠道获利和现金流约束均能够在过度金融化与创新的关系中起中介作用，而仅有现金流约束在适度金融化与创新的关系中起中介作用。最后，进一步考虑了企业金融化主动性对二者关系的调节效应，从企业性质、企业生命周期及主业增长水平三个角度进行考察后发现，与主动金融化的样本企业相比，在被动金融化企业中金融化适度性对企业创新的影响更为显著。本章的研究结论为学术界和实务界对企业金融化与创新的关系带来新的理解，对有效监管企业过度金融化，遏制国民经济脱实向虚，有效促进我国企业创新增长具有启示意义。

第 5 章 企业金融化适度性、政府补助与创新

　　除了企业的内源融资外，企业所获得的政府补助也是其创新融资的重要来源之一（解维敏等，2009）。由于创新项目的正外部性，企业对创新活动投资并不能获取其全部收益。创新项目的低收益率降低了企业进行创新的积极性，致使社会的整体创新水平无法达到最优。在第二次世界大战后，创新的重要作用逐渐被各国政府所重视，为了纠正这种"市场失灵"，政府通过补助等方式对其进行必要干预（David 等，2000），以降低创新成本、提高企业创新的积极性。已有学者研究发现，在诸多的政府财政激励政策中，政府补助的激励效应最为有效（郑春美和李佩，2015；邹洋等，2016）。因此，本章将政府补助作为金融化适度性与创新的重要宏观调控变量之一，对其中的影响机理进行了考察。

5.1 政府补助对企业金融化适度性与创新关系的调节效应

5.1.1 理论分析与假设提出

内源融资和外源融资均是企业创新的重要资金来源渠道。具体地，在三种外源融资中，与股权融资和债权融资相比，政府补助不仅对创新的促进效果最为显著（张彩江和陈璐，2016），其还能够刺激上市公司通过债权融资提高创新（李汇东等，2013）。因此，企业获得越高的政府补助对企业的创新发展则越有利（李汇东等，2013；郑春美和李佩，2015）。同时，除了政府补助对创新投资的激励作用外，有学者研究发现政府补助能够显著影响企业的各类投资方向，包括促进企业固定资产投资和抑制企业的对外投资等形式（许罡等，2014），从而在企业金融化和创新的资源配置中发挥重要作用。

首先，商业周期导致企业的获利能力并不稳定，使得内源融资所提供的创新资金也不稳定。因此，除内源融资外，企业同时需要通过外部融资渠道为创新项目提供资金支持（梁彤缨等，2017）。但由于信息不对称、代理成本等问题的存在，企业常常面临着融资约束的困境。而且研发活动的高风险、长周期等特点又进一步加剧了企业创新融资过程中的融资约束问题（Brown 等，2009）。此时，当企业接受政府补助后，一方面，政府补助作为外部融资来源之一，能够为企业投资提供直接的、额外的资金供给；另一方面，通过信号传递效应，政府补助能够向市场传递项目信息，使外部投资者对企业的未来融资情况保持乐观、相信企业的履约能力，进而加大企业投资力度，帮助企业获得不同来源的融资（Takalo 和 Tanayama，2010；傅利平和李小静，2014）。因此，政府补助能够通过降低企业的创新融资成本和拓宽外部融资渠道，来缓解企业的创新融资约束。

其次，出于政治、经济、社会等方面的原因，政府部门常以财政补贴或税收优惠等形式给予企业各种补助，以引导产业发展或者抑制某些不合意经济行为的发生（Bergstrom，2000；Harris 和 Trainor，2005；潘越等，2009）。特别是当企业陷入财务困境时，政府会显著提高对该企业补助的频率和数额（Faccio等，2006）。政府补助对于企业绩效的促进作用主要体现在两个方面：一是政府补助资金的注入能够直接增加企业的收益数额，表现为"账面效应"（于晓娟，2013；赵婧，2014）；二是政府补助能够帮助企业增加雇员数量、建立核心竞争力，从而提高企业绩效，表现为"能力效应"（Haynes和Hillman，2010；张学慧等，2016）。企业绩效的提升将使其套利动机减弱，进而对企业在金融投资与创新投资间的资源配置产生影响。

同时，基于《企业会计准则——应用指南》，政府补助主要包括财政拨款、财政贴息、税收返还和无偿划拨非货币性资产等四种形式。除无偿划拨非货币性资产之外，其他三种形式都会增加企业现金流流入或减少企业现金流流出，这将为企业提供充足的现金流（Tzelepis和Skuras，2004），进而对企业的投资决策产生影响。

因此，政府补助将通过融资约束路径、获利能力路径和现金流约束路径使得金融化适度性对创新的影响强度发生变化。关于政府补助对企业金融化适度性与创新二者间的调节作用，可以从以下两个方面进行分析。

一方面，当政府针对企业的某项研发创新活动提供补助、其款项不可自由支配时，该款项将仅能够用于企业的研发创新活动，从而大大限制了企业投资其他项目以及高管谋取超额薪酬的可能性，这将直接且单一地增加企业的创新投入，缓解企业创新融资约束，从而缓解过度金融化对企业创新的挤出效应。另一方面，当政府补助并未指明用途、款项可自由支配时，其作为一笔额外款项，将有助于企业缓解融资约束、增加内部现金流，从而提升企业的投资水平。但值得注意的是，政府补助作为政府干预企业行为、实现政治目标的手段之一，将驱使企业为了迎合政府优先选择对经济增长拉动明显的固定资产投资与政策鼓励的创新投资，而相对削减企业的对外投资包括金融资产投资（许罡等，2014），从而缓解过度金融化对企业创新的挤出效应。

而在适度金融化的企业中，由于其用于各项投资的资源较充足，其研发投入应保持在较高且稳定的水平。即使政府对其进行补贴也不会明显影响研发投资以及金融资产投资的变动。因此，在适度金融化的企业中政府补助的调节效应并不明显。作者据此提出本章的假设。

H5：政府补助将缓解过度金融化对企业创新的挤出效应，但不会显著影响适度金融化对企业创新的助推效应。

5.1.2 研究设计

（1）样本选择与数据来源

本章在第 4 章所选用样本的基础上加入了 2008—2017 年间沪深 A 股非金融上市公司的政府补助样本数据，并剔除了政府补助数据缺失的样本，最终获得 10 个年度共 9 872 个样本观测值[①]。数据来自 CSMAR 数据库，数据处理主要使用 EXCEL2010 与 STATA15.0 软件。

（2）模型设计

根据金融化适度性自变量与政府补助调节变量均为连续型变量的数值特征，本章采用模型（5–1）分别就过度金融化的公司样本和适度金融化的公司样本进行分组估计来识别政府补助在企业金融化适度性与创新关系二者间的调节作用。考虑到企业获得政府补助的时间多发生在会计年度的中后期（许罡等，2014），导致政府补助常常伴随滞后效应，因此模型（5–1）参照郑春美和李佩（2015）的处理方法，采用前一年度的政府补助总额与当年总资产之比 Gov 来衡量当前年度企业受政府补助的资助程度，并加入了政府补助滞后一期（L.Gov）来控制政府补助的滞后效应。其中，若交乘项 Exfin×Gov 的系数 α_4 显著，则表明政府补助在企业金融化适度性与创新二者关系中的调节效应显著存在。

$$Ird_{it} = \alpha_0 + \alpha_1 Exfin_{it} + \alpha_2 Gov_{it} + \alpha_3 Gov_{it-1} + \alpha_4 Exfin_{it} \times Gov_{it} + \alpha_5 Controls_{it}$$
$$+ \sum Ind + \sum Year + \varepsilon_{it} \tag{5-1}$$

在上述模型中，Ird 为被解释变量，表示企业创新，以创新投入与年末总资产之比表示。Exfin 为连续型变量，表示金融化适度性。Gov 和

---

① 本章与第 4 章样本处理过程基本一致，选取 2008—2017 沪深 A 股非金融上市公司为样本，并在样本筛选过程中剔除金融行业上市公司、剔除没有研发投入或未披露研发投入的样本并剔除主要变量观测值缺失的样本。第 4 章最终获得 10 个年度共 9 952 个样本观测值。与第 4 章相比，本章变量中增加了政府补助这一新的变量，且该变量存在数据缺失现象，导致在处理过程中有 80 个样本观测值被剔除，因此本章最终获得 10 个年度共 9 872 个样本观测值。

L.Gov 为两个连续型变量，分别表示本期政府补助水平和上期政府补助水平。金融化适度性（Exfin）根据第3章适度性甄别结果获得，政府补助水平（Gov）以上年度政府补助总额与当年资产总额的比值定义。在该模型的等号右侧除解释变量外，根据已有文献，模型中还分别控制了资产规模（Lnsize）、资产负债率（Lev）、现金持有量（Cash）、资产收益率（Roa）、企业资本密集度（Capint）、技术水平（Intint）、托宾 Q 值（Tbq）、董事会规模（Board）、独董比例（Indr）、高管薪酬（Lnpay3）、股权集中度（Top5）、两权分离度（Lqfld）等变量以及行业和年度虚拟变量，控制变量的选取与第4章一致。主要变量的定义见表5-1。

表5-1　　　　　　　　　　　　　主要变量定义

项目	变量名称	变量符号	变量定义
因变量	企业创新	Ird	创新投入与年末总资产之比
自变量	企业金融化适度性	Exfin	大于0时为过度金融化，不大于0时为适度金融化，绝对值越大，表示偏离适度水平的程度越高
调节变量	政府补助	Gov	上年度政府补助总额与当年资产总额之比
控制变量	资产规模	Lnsize	公司年末总资产的自然对数
	资产负债率	Lev	总负债与年末总资产之比
	现金持有量	Cash	货币资金与年末总资产之比
	资产收益率	Roa	当期净利润与年末总资产之比
	企业资本密集度	Capint	固定资产与年末总资产之比
	技术水平	Intint	无形资产与年末总资产之比
	托宾 Q 值	Tbq	市值与年末总资产之比
	董事会规模	Board	董事会人数
	独董比例	Indr	独立董事人数与董事会人数之比
	高管薪酬	Lnpay3	董事、监事及高管前三名薪酬总额的自然对数
控制变量	股权集中度	Top5	前5位大股东持股比例之和
	两权分离度	Lqfld	实际控制人控制权比例与所有权比例的差值
	行业	Ind	行业虚拟变量
	年度	Year	年度虚拟变量

注：董事会规模变量单位为个。资产规模与高管薪酬变量的原始数据单位为元，取对数后无量纲。其余各变量因进行了相应换算无量纲。

资料来源：作者整理所得。所有原始数据均来自CSMAR数据库。

5.1.3　实证检验

（1）描述性统计

表5-2中列示了本章样本数据中各变量的相关统计量，包括平均值、中位数、最大值、最小值及标准差，以了解样本数据的基本情况。其中，政府补助的均值为0.01，标准差为0.01，中位数为0.00，最小值为0.00，最大值为0.28，表明我国一半以上的企业并未享受到政府的资助，而也有部分企业获得了政府补助且资助金额较高，将近总资产的百分之三十。

表5-2 主要变量的描述性统计

变量	样本数	均值	标准差	最小值	P25	P50	P75	最大值
Ird	9 872	0.02	0.02	0.00	0.01	0.02	0.03	0.09
Exfin	9 872	−0.00	0.08	−0.60	−0.04	−0.01	0.04	0.58
Gov	9 872	0.01	0.01	0.00	0.00	0.00	0.01	0.28
Lnsize	9 872	22.12	1.22	19.94	21.24	21.94	22.80	25.97
Lev	9 872	0.41	0.20	0.05	0.26	0.41	0.57	0.86
Cash	9 872	0.18	0.12	0.02	0.09	0.15	0.23	0.62
Roa	9 872	0.04	0.05	−0.13	0.01	0.04	0.07	0.19
Capint	9 872	0.23	0.15	0.01	0.11	0.20	0.31	0.65
Intint	9 872	0.05	0.04	0.00	0.02	0.04	0.06	0.26
Tbq	9 872	2.28	1.82	0.22	1.04	1.77	2.93	9.76
Board	9 872	8.67	1.67	5.00	7.00	9.00	9.00	15.00
IndR	9 872	0.37	0.05	0.33	0.33	0.33	0.43	0.57
Lnpay3	9 872	14.34	0.65	12.87	13.91	14.32	14.73	16.16
Top5	9 872	0.53	0.15	0.20	0.42	0.53	0.63	0.87
Lqfld	9 872	5.63	7.95	0.00	0.00	0.00	10.56	29.32

注：P25、P50和P75分别表示1/4、1/2和3/4分位数。

资料来源：作者使用STATA软件统计分析所得。

（2）实证结果分析

本节分别就过度金融化的公司样本和适度金融化的公司样本进行了分组估计。结果发现：在过度金融化样本企业中，对政府补助（Gov）的调节效应进行检验时，金融化适度性与政府补助交乘项（Exfin×Gov）

的系数在 5% 的显著性水平上为正，表明企业所获得的政府补助能够缓解过度金融化对创新的挤出效应，这说明当企业上期已获得相应的政府补助后，其融资环境将相对较为宽松，套利动机相应减弱，内部现金流较为充足，从而缓解了过度金融化对创新的挤出效应。在适度金融化样本企业中，金融化适度性与政府补助交乘项（Exfin×Gov）未通过显著性检验，表明政府补助对适度金融化与创新关系的调节作用十分有限。检验结果与预期基本相符，假设 5 得到证实。回归结果见表 5-3。

表 5-3　　　政府补助、企业金融化适度性与创新的回归结果

项目	过度金融化样本企业		适度金融化样本企业	
	回归系数	T值	回归系数	T值
Exfin	−0.033***	−5.74	0.019**	2.48
Gov	0.137	1.60	0.151	1.37
L.Gov	0.149**	2.25	0.150***	2.67
Exfin×Gov	1.777**	1.98	0.407	0.32
Lnsize	−0.002***	−5.99	−0.002***	−5.23
Lev	0.000	0.26	−0.002	−1.10
Cash	0.006**	2.20	0.004	1.15
Roa	0.040***	5.71	0.043***	6.53
Capint	−0.001	−0.60	−0.003	−1.54
Intint	−0.002	−0.30	0.001	0.08
Tbq	0.001***	3.00	0.001***	3.95
Board	−0.000	−0.12	0.000	0.36
Indr	0.009*	1.66	0.006	1.29
Lnpay3	0.004***	9.35	0.004***	10.43
Top5	−0.000	−0.21	−0.003**	−2.20
Lqfld	0.000**	2.08	0.000**	2.14
Constant	−0.011	−1.30	−0.013	−1.61
Ind	Yes		Yes	
Year	Yes		Yes	
N	3 376		4 000	
R^2	0.438		0.421	
调整 R^2	0.423		0.407	

注：***、**、*分别表示在 1%、5%、10% 的统计水平上显著。

资料来源：作者使用 STATA 软件估计所得。

以上结果表明：政府补助能够在过度金融化与创新二者的关系中发挥调节作用，而在适度金融化与创新二者间的关系中所发挥的调节作用十分有限。

5.1.4 稳健性检验

为证实上述结论的可靠性，本节通过替换变量测量方式、修正模型设定形式、考虑行业识别及金融危机的影响等多个角度进行了稳健性检验。

（1）替换变量测量方式

① 政府补助的测量

本章关于政府补助的相关数据主要来自 CSMAR 数据库，该数据库中关于政府补助的数据来源主要有二：一是定期公告中的其他收益；二是定期公告中的营业外收入。为了保证数据获得的充分性，本章主检验中所用到的相关数据主要通过对两个来源的政府补助总额进行比较并取较高者作为研究数据。为了检验该处理过程的稳健性，参照许罡等（2014）、郭玥（2018）等学者的数据获取方式，仅选用来自定期公告中的营业外收入科目披露的政府补助作为研究数据重新进行检验，结果与主检验的结论相一致。政府补助替代指标的检验结果见表5-4。

②金融化水平的测量

本节与第4章中稳健性检验一致，对金融化水平按照狭义口径重新计算并进行了验证，结果与主检验的结论相一致。金融化水平替代指标的检验结果见表5-4。

③创新指标的选择

本节与第4章中稳健性检验一致，采用企业专利申请数、发明专利数和非发明专利数对创新产出进行刻画，来检验政府补助对过度金融化与创新关系的调节作用。结果发现政府补助在过度金融化与创新产出二者的关系中同样发挥了正向调节效应，且该效应在发明专利中最为显著。创新替代指标的检验结果见表5-4。

表5-4　替代指标的稳健性检验结果

项目	政府补助替代指标检验		金融化水平替代指标检验		创新指标:专利总数		创新替代指标检验 创新指标:发明专利数		创新指标:非发明专利数	
	过度金融化样本企业	适度金融化样本企业	过度金融化样本企业	适度金融化样本企业	过度金融化样本企业	适度金融化样本企业	过度金融化样本企业	适度金融化样本企业	过度金融化样本企业	适度金融化样本企业
Exfin	-0.032^{***} (-5.52)	0.021^{***} (2.69)			-1.839 (-1.56)	0.793 (0.58)	-1.629 (-1.46)	0.911 (0.77)	0.147 (0.12)	0.916 (0.70)
L.Exfin					-0.758 (-0.92)	1.404^{*} (1.94)	-0.984 (-1.36)	0.443 (0.62)	0.789 (1.05)	0.407 (0.59)
Exfin^2			-0.031^{***} (-5.32)	0.019^{***} (2.71)						
Gov		0.150 (1.33)	0.125 (1.56)	0.122 (1.41)	-5.890 (-0.49)	20.95 (1.52)	4.887 (0.40)	10.947 (0.93)	11.908 (0.97)	-1.102 (-0.11)
Gov^2	0.173^{*} (1.80)									
L.Gov			0.227^{***} (4.03)	0.118^{**} (2.41)	5.881 (0.63)	14.049^{*} (1.83)	6.845 (0.92)	9.866 (1.27)	1.448 (0.20)	7.728 (1.01)
L.Gov^2	0.139^{**} (2.00)	0.155^{***} (2.61)								
Exfin×Gov			1.599^{*} (1.87)		227.883 (1.41)	200.579 (1.25)	332.605^{**} (2.27)	9.695 (0.07)	121.252 (0.67)	-4.043 (-0.02)
Exfin²×Gov		0.339 (0.26)		-0.231 (-0.21)						
Exfin²×Gov²	1.719^{*} (1.84)									
Lnsize	-0.002^{***} (-5.03)	-0.002^{***} (-4.94)	-0.002^{***} (-6.50)	-0.002^{***} (-4.81)	0.756^{***} (10.38)	0.676^{***} (9.01)	0.112 (1.28)	0.198^{**} (2.28)	-0.187^{***} (-2.88)	-0.217^{***} (-3.04)
Lev	-0.000 (-0.11)	-0.002 (-0.89)	0.000 (0.12)	-0.002 (-1.06)	0.047 (0.11)	0.892^{**} (2.41)	1.012^{***} (2.61)	-0.214 (-0.59)	0.604 (1.64)	0.046 (0.14)

续表

项目	政府补助替代指标检验		金融化水平替代指标检验		创新替代指标检验					
					创新指标：专利总数		创新指标：发明专利数		创新指标：非发明专利数	
	过度金融化样本企业	适度金融化样本企业	过度金融化样本企业	适度金融化样本企业	过度金融化样本企业	适度金融化样本企业	过度金融化样本企业	适度金融化样本企业	过度金融化样本企业	适度金融化样本企业
Cash	0.005* (1.65)	0.005 (1.31)	0.006** (1.99)	0.005 (1.31)	0.184 (0.27)	-0.093 (-0.12)	0.538 (0.89)	0.556 (0.71)	-0.779 (-1.32)	-0.118 (-0.15)
Roa	0.039*** (5.30)	0.047*** (6.93)	0.045*** (6.54)	0.038*** (5.70)	0.352 (0.26)	2.789** (2.05)	1.800 (1.47)	2.601** (1.96)	2.762** (2.12)	1.660 (1.31)
Capint	-0.000 (-0.11)	-0.003 (-1.40)	-0.002 (-0.99)	-0.002 (-1.21)	-0.087 (-0.16)	0.390 (0.91)	-0.932* (-1.71)	-1.201*** (-2.68)	-0.570 (-1.17)	-0.219 (-0.54)
Intint	-0.003 (-0.48)	0.004 (0.60)	-0.003 (-0.48)	0.001 (0.14)	2.659* (1.67)	0.485 (0.41)	-0.062 (-0.04)	0.540 (0.45)	-1.739 (-1.13)	-1.198 (-1.13)
Tbq	0.001*** (2.75)	0.001*** (3.67)	0.001*** (3.12)	0.001*** (3.81)	0.098** (2.54)	0.046 (1.17)	0.029 (0.79)	-0.019 (-0.51)	-0.046 (-1.24)	-0.051 (-1.49)
Board	-0.000 (-0.28)	0.000 (0.27)	0.000 (0.33)	-0.000 (-0.07)	0.025 (0.58)	-0.051 (-1.41)	0.097** (2.11)	0.036 (0.91)	-0.056 (-1.30)	0.036 (1.01)
Indr	0.009* (1.67)	0.005 (1.04)	0.011** (2.07)	0.005 (1.03)	1.630 (1.31)	-0.802 (-0.72)	3.324*** (2.63)	2.615** (2.34)	0.564 (0.50)	1.919* (1.77)
Lnpay3	0.004*** (8.22)	0.004*** (9.89)	0.004*** (9.45)	0.004*** (10.31)	0.183* (1.78)	0.203** (2.07)	0.050 (0.51)	0.181* (1.93)	0.038 (0.40)	0.147 (1.66)
Top5	-0.000 (-0.22)	-0.003** (-2.07)	-0.001 (-0.48)	-0.003** (-2.00)	0.563 (1.37)	-0.360 (-0.92)	0.947** (2.37)	-0.005 (-0.01)	0.929** (2.36)	0.253 (0.74)
Lqfld	0.000* (1.79)	0.000* (1.85)	0.000** (2.25)	0.000** (1.99)	-0.002 (-0.30)	-0.007 (-1.09)	-0.007 (-0.96)	0.011 (1.68)	0.008 (1.08)	0.008 (1.25)
Constant	-0.013 (-1.56)	-0.012 (-1.44)	-0.012 (-1.58)	-0.010 (-1.26)	-18.995*** (-9.22)	-15.888*** (-8.89)	-5.033** (-2.53)	-8.325*** (-4.35)	3.143* (1.82)	0.993 (0.70)
Ind	Yes	Yes	Yes	Yes	Yes	Yes	Yes	Yes	Yes	Yes
Year	Yes	Yes	Yes	Yes	Yes	Yes	Yes	Yes	Yes	Yes
N	3 105	3 686	3 352	4 024	936	1 104	936	1 104	936	1 104
R²	0.437	0.429	0.457	0.407	0.407	0.359	0.194	0.149	0.182	0.145
调整R²	0.420	0.415	0.441	0.393	0.355	0.311	0.122	0.086	0.109	0.081

注：括号中数值为T值，***、**、*分别表示在1%、5%、10%的统计水平上显著。

资料来源：作者使用STATA软件估计所得。

④控制变量的替换

为了检验政府补助调节效应的稳健性，本节还将部分控制变量进行了替换，具体包括以下内容：企业盈利水平用净资产收益率（Roe）替换资产收益率（Roa）；内部融资渠道用经营现金流占总资产之比（Cfo）替换货币资金占总资产之比（Cash）；高管薪酬水平用董事、监事及高管年薪总额的自然对数（Lnpay）替换董事、监事及高管前三名薪酬总额的自然对数（Lnpay3）；股权集中度用前10位大股东持股比例之和（Top10）替换前5位大股东持股比例之和（Top5）。检验结果与主检验的结论一致，控制变量替换指标的检验结果见表5-5。

（2）模型设定的稳健性检验

借鉴了Eberly等（2012）、Gala和Gomes（2012）以及Brown和Petersen（2011）、鞠晓生等（2013）等学者对于创新的模型设定方法，采用基于托宾Q动态方程和欧拉方程的估计对本章的主假设进行了稳健性检验。结果发现，金融化适度性与政府补助交乘项（Exfin×Gov）的系数仍在10%的显著性水平上为正，证实了政府补助在过度金融化挤出创新过程中的缓解作用，与主检验的结论基本一致。模型设定的稳健性检验结果见表5-5。

（3）行业识别检验

考虑到企业金融化适度性与创新二者间的关系在不同行业间所表现出的异质性，将样本企业分为制造业样本企业与非制造业样本企业以及房地产业样本企业与非房地产业样本企业对政府补助在二者间的调节作用分别进行了行业识别检验。结果显示，在制造业行业识别检验结果中，政府补助的调节作用并不显著；在房地产业行业识别检验结果中，与房地产业企业相比，在非房地产业企业中政府补助的调节作用更显著。以上检验结果表明，政府补助对过度金融化与创新二者间的调节作用确实存在行业识别现象。检验结果见表5-6。

表5-5 控制变量替换和模型设定的稳健性检验结果

项目	控制变量替换指标检验		模型设定的稳健性检验			
			基于托宾Q方程的估计		基于欧拉方程的估计	
	过度金融化样本企业	适度金融化样本企业	过度金融化样本企业	适度金融化样本企业	过度金融化样本企业	适度金融化样本企业
$L.Ird^2$					0.665 (1.60)	−0.373 (−0.72)
L.Ird			0.819*** (54.72)	0.853*** (54.05)	0.770*** (28.45)	0.879*** (29.74)
Exfin	−0.029*** (−5.65)	0.015** (2.04)	−0.027*** (−8.99)	0.011*** (2.83)	−0.027*** (−9.00)	0.011*** (2.83)
Gov	0.136* (1.65)	0.137 (1.27)	0.039 (1.27)	0.034 (1.46)	0.039 (1.26)	0.034 (1.45)
L.Gov	0.158** (2.43)	0.151*** (2.83)	0.016 (0.75)	−0.017 (−1.21)	0.013 (0.62)	−0.016 (−1.15)
Exfin×Gov	1.477* (1.67)	0.219 (0.18)	0.722* (1.81)	−0.038 (−0.10)	0.705* (1.77)	−0.052 (−0.14)
Lnsize	−0.002*** (−6.37)	−0.002*** (−5.55)	−0.001*** (−3.82)	−0.001*** (−2.97)	−0.001*** (−4.11)	−0.001*** (−2.85)
Lev	−0.002 (−1.35)	−0.004*** (−2.72)	0.000 (0.48)	−0.001 (−0.79)	0.000 (0.35)	−0.001 (−0.70)
Cash			0.003** (2.48)	0.002 (1.03)	0.003** (2.34)	0.002 (1.01)
Cfo	0.031*** (7.11)	0.021*** (5.26)				
Roa			0.007* (1.70)	0.009** (2.35)	0.007* (1.80)	0.009** (2.33)
Roe	0.001* (1.67)	0.001*** (3.31)				
Capint	−0.008*** (−3.53)	−0.007*** (−4.22)	0.002* (1.65)	0.003*** (3.67)	0.002 (1.61)	0.003*** (3.59)
Intint	−0.012* (−1.70)	−0.006 (−0.97)	−0.002 (−0.73)	−0.002 (−0.82)	−0.003 (−0.92)	−0.002 (−0.73)
Tbq	0.001*** (3.67)	0.001*** (5.17)	0.000 (1.08)	0.000 (1.62)	0.000 (1.03)	0.000* (1.70)
Board	−0.000 (−1.04)	−0.000 (−0.67)	0.000 (1.26)	0.000 (1.50)	0.000 (1.28)	0.000 (1.56)
Indr	0.006 (1.16)	0.005 (0.99)	0.008*** (2.83)	0.001 (0.59)	0.008*** (2.83)	0.002 (0.65)
Lnpay3			0.001*** (4.27)	0.001*** (4.10)	0.001*** (4.37)	0.001*** (4.03)
Lnpay	0.005*** (11.17)	0.005*** (12.21)				
Top5			0.000 (0.54)	−0.001 (−1.63)	0.001 (0.62)	−0.001* (−1.69)
Top10	0.000 (0.48)	−0.000* (−1.66)				
Lqfld	0.000** (2.43)	0.000*** (2.79)	0.000 (1.14)	0.000 (1.56)	0.000 (1.19)	0.000 (1.56)
Constant	−0.016** (−2.06)	−0.020*** (−2.64)	−0.004 (−0.79)	−0.003 (−0.64)	−0.003 (−0.57)	−0.003 (−0.78)
Ind	Yes	Yes	Yes	Yes	Yes	Yes
Year	Yes	Yes	Yes	Yes	Yes	Yes
N	3 376	4 000	3 376	4 000	3 376	4 000
R^2	0.447	0.423	0.852	0.831	0.852	0.831
调整R^2	0.432	0.410	0.848	0.827	0.848	0.827

注：括号中数值为T值，***、**、*分别表示在1%、5%、10%的统计水平上显著。
资料来源：作者使用STATA软件估计所得。

（4）考虑金融危机的检验

考虑到金融危机可能对政府补助在企业金融化和创新二者关系中的调节作用产生影响，参照杜勇等（2017）的检验方法，剔除2008年与2009年的样本观测值重新进行检验。检验结果与主结论相一致，具体见表5-6。

上述一系列稳健性检验的结果表明，本章的研究结论具有较强的稳健性。

5.2 政府补助和企业金融化主动性的交互调节效应

在第4章中考虑了企业金融化主动性的异质性后发现，与主动金融化的样本企业相比，被动金融化的企业通常面临着更严峻的融资环境，使其创新投资决策和创新能力受到金融化适度性的影响更为敏感。那么由此产生的问题是，当企业能够获得一定量的政府补助时，主动金融化的企业是否会为了迎合政府而使得其金融化主动性有所下降，从而缓解主动金融化企业中金融化适度性对创新的挤出效应？为此，本节将企业金融化主动性的问题考虑在内，对政府补助、企业金融化适度性与创新之间的关系进行了深入的研究，以期能部分反映政府补助和金融化主动性在企业金融化适度性与创新二者关系间的交互调节作用。

5.2.1 基于企业性质角度的考察

与非国有企业相比，国有企业的政治关联度通常更高。高的政治关联度有利于企业获得更多的政府补助（张金涛和乐菲菲，2018），并通过政府补助引导企业的投资方向（许罡等，2014），这将导致政府补助在不同性质的企业中对投资的影响效果有所差异。第4章通过考察企业性质所带来的金融化适度性与创新关系的异质性发现，与国有企业相比，非国有企业往往面临着被动金融化的困境，且其创新受金融化适度性的影响更为显著。本节进一步纳入政府补助的交互调节作用后发现，在国有企业与非国有企业中，政府补助的调节效应均不显著。这可能是由于，从金融化主动性的角度，当主动金融化的国有企业接受政府给予的资助时，其为了迎合政府喜好将接受政府投资方向的引导，减少金融化行为，增加创新。但值得注意的是，国有企业具有其特殊性，即国有企业受政府部门"母爱光环"的影响，即使不刻意地迎合政府，仍然能够获得一定的政府补助。因此政府补助在国有企业中并未发挥出其应有的政策效应。检验结果见表5-7。

表5-6　　　　　基于行业识别和考虑金融危机的检验结果

项目	制造业行业识别检验				房地产业行业识别检验				剔除金融危机影响的检验	
	制造业样本企业		非制造业样本企业		房地产业样本企业		非房地产业样本企业			
	过度金融化样本	适度金融化样本	过度金融化样本	适度金融化样本	过度金融化样本	适度金融化样本	过度金融化样本	适度金融化样本	过度金融化样本	适度金融化样本
Exfin	−0.031*** (−5.19)	0.012 (1.55)	−0.036** (−2.31)	0.038*** (2.93)	0.003 (0.60)	0.014 (1.66)	−0.033*** (−5.70)	0.019* (2.46)	−0.034*** (−5.79)	0.018** (2.44)
Gov	0.166 (1.59)	0.169 (1.48)	0.052 (0.36)	0.299* (1.82)	−0.146 (−0.22)	−0.549* (−3.33)	0.137 (1.59)	0.150 (1.37)	0.135 (1.54)	0.148 (1.34)
L.Gov	0.142* (1.92)	0.106** (2.21)	0.180 (1.29)	0.342*** (2.74)	0.376*** (2.64)	0.001 (0.04)	0.148** (2.24)	0.151*** (2.67)	0.143** (2.15)	0.152*** (2.65)
Exfin×Gov	1.199 (1.28)	0.996 (0.77)	3.562 (1.63)	−0.413 (−0.22)	−6.824 (−0.92)	1.323 (0.26)	1.787** (1.99)	0.400 (0.32)	1.928** (2.10)	0.434 (0.35)
Lnsize	−0.002*** (−6.05)	−0.002*** (−4.16)	−0.002** (−2.21)	−0.002*** (−3.22)	−0.000 (−0.25)	−0.000 (−1.68)	−0.002*** (−5.96)	−0.002*** (−5.21)	−0.002*** (−6.11)	−0.002*** (−4.79)
Lev	0.001 (0.49)	−0.003 (−1.59)	0.000 (0.06)	0.002 (0.52)	−0.001 (−0.17)	0.001 (0.32)	0.001 (0.27)	−0.002 (−1.08)	0.001 (0.28)	−0.002 (−1.24)
Cash	0.001 (0.34)	0.000 (0.05)	0.020*** (2.90)	0.012 (1.48)	−0.002 (−0.55)	0.010** (3.28)	0.006** (2.16)	0.004 (1.13)	0.006** (2.17)	0.005 (1.25)
Roa	0.041*** (5.73)	0.040*** (5.47)	0.039** (2.03)	0.055*** (3.46)	−0.021 (−1.34)	0.005 (0.77)	0.043*** (5.68)	0.043*** (6.52)	0.040*** (5.61)	0.043*** (6.42)
Capint	−0.003 (−1.05)	−0.003 (−1.57)	0.000 (0.00)	0.000 (0.03)	−0.007 (−0.82)	0.016* (2.41)	−0.001 (−0.64)	−0.003 (−1.55)	−0.001 (−0.33)	−0.002 (−1.19)
Intint	−0.025*** (−3.16)	−0.006 (−0.80)	0.040*** (3.02)	0.020* (1.69)	0.003 (0.11)	−0.008 (−0.27)	−0.002 (−0.32)	0.001 (0.08)	−0.001 (−0.19)	0.002 (0.25)
Tbq	0.001*** (2.77)	0.001*** (3.08)	0.001 (1.15)	0.002** (2.50)	0.002* (2.09)	0.000 (0.33)	0.001*** (3.01)	0.001*** (3.95)	0.001*** (2.73)	0.001*** (3.98)
Board	0.000 (0.07)	−0.000 (−0.95)	0.000 (0.07)	0.001** (2.08)	−0.000 (−0.82)	−0.000 (−0.94)	−0.000 (−0.08)	0.000 (0.35)	−0.000 (−0.07)	0.000 (0.62)
Indr	0.011* (1.87)	−0.001 (−0.22)	0.006 (0.51)	0.030*** (2.62)	−0.004 (−0.75)	0.005 (1.73)	0.009 (1.63)	0.006 (1.25)	0.011* (1.92)	0.007 (1.38)
Lnpay3	0.004*** (7.93)	0.004*** (9.10)	0.006*** (5.38)	0.005*** (5.37)	0.000 (0.76)	0.000 (0.04)	0.004*** (9.37)	0.004*** (10.42)	0.004*** (9.54)	0.004*** (10.33)
Top5	0.000 (0.07)	−0.001 (−0.77)	−0.003 (−0.83)	−0.009*** (−2.63)	0.000 (0.01)	0.002 (1.20)	−0.000 (−0.18)	−0.004** (−2.21)	−0.000 (−0.28)	−0.004** (−2.55)
Lqfld	0.000* (2.43)	0.000 (1.48)	0.000 (0.53)	0.000** (2.22)	−0.000 (−1.65)	0.000 (0.43)	0.000** (2.10)	0.000** (2.16)	0.000* (1.84)	0.000** (2.16)
Constant	−0.003 (−0.34)	−0.008 (−0.92)	−0.044** (−2.05)	−0.026 (−1.62)	0.009 (1.27)	0.020** (3.13)	−0.011 (−1.37)	−0.013 (−1.64)	−0.005 (−0.64)	−0.017** (−2.26)
Ind	Yes	Yes	Yes	Yes	Yes	Yes	Yes	Yes	Yes	Yes
Year	Yes	Yes	Yes	Yes	Yes	Yes	Yes	Yes	Yes	Yes
N	2 613	3 079	763	921	36	27	3 340	3 973	3 253	3892
R²	0.303	0.280	0.642	0.667	0.938	0.953	0.431	0.416	0.442	0.422
调整R²	0.288	0.267	0.610	0.643	0.834	0.755	0.415	0.402	0.426	0.409

注：括号中数值为T值，***、**、*分别表示在1%、5%、10%的统计水平上显著。

资料来源：作者使用STATA软件估计所得。

表5-7　　　　　　基于企业性质和企业生命周期的检验结果

项目	基于企业性质的检验				基于企业生命周期的检验					
	国有企业样本(主动)		非国有企业样本(被动)		成长期样本企业(被动)		成熟期样本企业(主动)		衰退期样本企业(主动)	
	过度金融化样本	适度金融化样本	过度金融化样本	适度金融化样本	过度金融化样本	适度金融化样本	过度金融化样本	适度金融化样本	过度金融化样本	适度金融化样本
Exfin	−0.023*	−0.032***	0.014	0.021***	−0.031***	−0.045***	−0.007	0.032***	0.014	0.011
	(−1.96)	(−4.87)	(1.23)	(2.82)	(−4.46)	(−2.64)	(−0.48)	(3.38)	(1.41)	(0.83)
Gov	0.042	0.228*	0.105	0.316***	0.250**	−0.032	0.446***	0.230**	0.050	0.314**
	(0.35)	(1.90)	(1.03)	(3.06)	(2.09)	(−0.35)	(2.62)	(2.00)	(0.55)	(2.01)
L.Gov	0.091	0.190**	0.060	0.274***	0.180*	0.260**	−0.081	0.307***	0.063	0.224*
	(1.10)	(2.25)	(1.53)	(3.81)	(1.73)	(2.52)	(−0.94)	(3.98)	(1.29)	(1.78)
Exfin×Gov	2.374	1.196	1.120	−0.465	0.594	2.806	0.094	−0.671	−0.332	2.849*
	(1.50)	(1.09)		(−0.34)	(0.52)	(1.60)	(0.05)	(−0.41)	(−0.26)	(1.92)
Lnsize	−0.003***	−0.002***	−0.003***	−0.001**	−0.002***	−0.003***	−0.001	−0.001**	−0.003***	−0.002
	(−5.17)	(−3.70)	(−4.95)	(−2.53)	(−5.40)	(−3.87)	(−0.72)	(−2.39)	(−4.88)	(−1.62)
Lev	−0.000	0.001	−0.004	−0.002	0.004	0.005	−0.007*	−0.003	0.004	−0.003
	(−0.15)	(0.21)	(−1.47)	(−0.94)	(1.37)	(1.38)	(−1.76)	(−1.07)	(1.27)	(−0.62)
Cash	0.002	0.007**	0.003	0.002	0.006	0.004	0.014*	0.001	0.006	−0.005
	(0.34)	(2.00)	(0.48)	(0.44)	(1.39)	(0.76)	(1.81)	(0.21)	(0.96)	(−0.56)
Roa	0.048***	0.037***	0.033***	0.047***	0.051***	0.046***	0.011	0.058***	0.046***	0.025
	(4.59)	(4.07)	(3.29)	(5.39)	(4.96)	(3.66)	(0.63)	(5.18)	(4.22)	(1.62)
Capint	−0.001	0.001	−0.003	−0.003	0.001	−0.009**	0.004	−0.005*	−0.005*	0.000
	(−0.28)	(0.34)	(−1.03)	(−1.22)	(0.34)	(−2.17)	(0.59)	(−1.71)	(−1.76)	(0.02)
Intint	0.004	0.001	−0.004	0.008	0.005	−0.025**	0.026	0.008	−0.016*	−0.010
	(0.55)	(0.11)	(−0.60)	(0.86)	(0.62)	(−2.10)	(1.39)	(0.80)	(−1.65)	(−0.51)
Tbq	−0.000	0.001***	−0.000	0.001***	0.001***	0.001*	0.000	0.001**	0.001**	0.002**
	(−0.51)	(3.68)	(−0.87)	(4.52)	(2.94)	(1.92)	(0.90)	(2.34)	(2.38)	(2.47)
Board	0.000	0.000	−0.000	0.001**	0.000	0.000	−0.001	−0.000	0.000	0.001
	(0.26)	(0.10)	(−1.49)	(2.10)	(1.48)	(0.18)	(−1.49)	(−1.46)	(0.75)	(1.28)
Indr	0.009	0.01	0.006	0.010	0.015**	0.004	0.014	−0.006	0.012	0.020
	(0.99)	(1.42)	(0.83)	(1.36)	(2.24)	(0.40)	(0.92)	(−0.91)	(1.34)	(1.54)
Lnpay3	0.004***	0.005***	0.004***	0.005***	0.004***	0.004***	0.005***	0.004***	0.004***	0.005***
	(5.33)	(8.23)	(5.04)	(8.94)	(6.66)	(5.03)	(3.39)	(7.14)	(5.71)	(4.12)
Top5	0.004	−0.003	−0.000	−0.002	0.001	−0.002	−0.005	−0.002	−0.005*	−0.005
	(1.38)	(−1.24)	(−0.07)	(−1.23)	(0.25)	(−0.57)	(−1.01)	(−1.03)	(−1.78)	(−1.01)
Lqfld	0.000***	0.000	0.000***	−0.000	0.000	0.000*	0.000	0.000	0.000	0.000*
	(3.25)	(0.66)	(3.90)	(−0.09)	(0.08)	(1.96)	(0.98)	(1.46)	(0.38)	(1.82)
Constant	−0.001	−0.012	0.025**	−0.035***	−0.007	0.004	−0.036	−0.019	0.009	−0.032
	(−0.09)	(−0.96)	(2.09)	(−3.03)	(−0.63)	(0.28)	(−1.55)	(−1.44)	(0.70)	(−1.60)
Ind	Yes	Yes	Yes	Yes	Yes	Yes	Yes	Yes	Yes	Yes
Year	Yes	Yes	Yes	Yes	Yes	Yes	Yes	Yes	Yes	Yes
N	1 173	2 203	1 458	2 542	1 730	1 078	562	1 894	1 492	608
R2	0.499	0.440	0.478	0.428	0.466	0.463	0.509	0.436	0.453	0.504
调整R2	0.463	0.418	0.447	0.408	0.437	0.419	0.436	0.409	0.421	0.436

注：括号中数值为T值，***、**、*分别表示在1%、5%、10%的统计水平上显著。

资料来源：作者使用STATA软件估计所得。

5.2.2 基于企业生命周期角度的考察

在第 4 章中考察企业金融化适度性与创新之间的关系时发现，随着企业生命周期的不断演进，在成长期、成熟期和衰退期企业中创新受金融化适度性影响的显著性水平递减。同时有学者研究发现，政府补助能够显著激励企业的创新水平，但激励效果在不同企业生命周期下存在一定差异（熊和平等，2016），如政府补助对成长期的企业创新的激励作用比成熟期、衰退期的企业更显著（朱永明等，2018）。因此，本节进一步考察了政府补助与企业生命周期的交互调节作用并发现，与被动金融化的成长期企业相比，主动金融化的衰退期企业中政府补助对过度金融化挤出创新的缓解作用更显著。这可能是由于，在企业成长初期，为了发展自身的产品特色、扩大市场份额，企业不会轻易受到政府补助的影响，而会对各方投资保持审慎态度，并自发地加强企业研发、人力和技术设备的投入，从而减弱了政府补助的调节效应；当企业进入成熟期后，其已经形成品牌并占有一定的市场份额，此时企业为了获得更稳固的市场地位，将扩大声誉、承担更多的社会责任并加强与政府的联系，从而为了迎合政府将获得的政府补助进行有选择性的投资，缓解了过度金融化对企业创新的挤出效应。当企业进入衰退期后，创新动力严重不足，企业为弥补财务困境将会迎合政府以获取一定量的政府补助，从而缓解了过度金融化对创新的挤出效应。检验结果证实金融化适度性与创新二者间的关系确实会显著受到政府补助与企业生命周期的交互调节影响，检验结果见表 5-7。

5.2.3 基于企业主业增长水平角度的考察

在第 4 章中对企业主业增长水平所带来的金融化适度性与创新关系的异质性考察发现，与低主业增长水平的样本企业相比，在高主业增长水平的样本企业中创新受金融化适度性的影响更为显著。进一步纳入政府补助的交互调节效应后发现，与被动金融化的高主业增长水平的企业相比，在主动金融化的低主业增长水平企业中政府补助对过度金融化挤出创新的缓冲作用更加显著，证实金融化适度性与创新二者间的关系确实会显著受到政府补助与主业增长水平的交互调节影响。检验结果见表5-8。

表5-8 基于主业增长水平的检验结果

项目	低主业增长样本（主动）		中主业增长样本（主动）		高主业增长样本（被动）	
	过度金融化样本	适度金融化样本	过度金融化样本	适度金融化样本	过度金融化样本	适度金融化样本
Exfin	−0.034***	−0.029**	−0.033***	0.016	−0.017	0.015
	(−3.21)	(−2.37)	(−2.80)	(1.49)	(−1.07)	(1.46)
Gov	−0.048	0.078	0.426**	0.240***	0.237**	0.266*
	(−0.39)	(0.65)	(2.25)	(2.67)	(2.22)	(1.70)
LGov	0.051	0.109	0.267**	0.021	0.294***	0.455***
	(0.63)	(1.15)	(2.28)	(0.72)	(2.64)	(4.56)
Exfin×Gov	3.601**	1.273	0.764	1.763*	0.496	1.854
	(2.02)	(0.91)	(0.34)	(1.68)	(0.28)	(1.03)
Lnsize	−0.002***	−0.003***	−0.002**	−0.002***	−0.001**	−0.002**
	(−2.80)	(−4.86)	(−2.41)	(−3.66)	(−2.07)	(−2.27)
Lev	−0.006*	0.003	0.005	−0.001	−0.008**	0.001
	(−1.74)	(0.88)	(1.16)	(−0.34)	(−2.56)	(0.29)
Cash	0.008	0.000	0.003	0.008	0.007	0.003
	(1.59)	(0.03)	(0.47)	(0.98)	(0.89)	(0.39)
Roa	0.025**	0.011	0.072***	0.014	0.016	0.077***
	(1.97)	(0.74)	(3.33)	(1.24)	(1.04)	(4.61)
Capint	0.005	−0.007	−0.008*	−0.001	0.001	−0.007*
	(1.03)	(−1.52)	(−1.67)	(−0.41)	(0.21)	(−1.77)
Intint	−0.016	−0.017	−0.001	−0.005	−0.009	0.024
	(−1.23)	(−1.53)	(−0.04)	(−0.57)	(−0.66)	(1.58)
Tbq	0.000	0.000	0.001**	0.001	0.001	0.001
	(0.49)	(0.57)	(1.97)	(1.26)	(1.42)	(1.41)
Board	−0.000	0.000	−0.000	0.000	0.000	−0.000
	(−0.39)	(0.13)	(−0.85)	(1.13)	(0.11)	(−0.90)
Indr	−0.000	0.013	0.016	0.002	0.007	0.012
	(−0.02)	(1.33)	(1.23)	(0.25)	(0.72)	(1.04)
Lnpay3	0.003***	0.004***	0.005***	0.004***	0.006***	0.004***
	(3.41)	(4.44)	(5.17)	(4.63)	(6.72)	(4.46)
Top5	−0.005	0.005	−0.002	−0.004	−0.004	−0.003
	(−1.56)	(1.56)	(−0.46)	(−1.46)	(−1.11)	(−0.74)
Lqfld	0.000	0.000	0.000	0.000	0.000	0.000
	(0.70)	(0.36)	(1.43)	(1.30)	(0.98)	(1.54)
Constant	0.009	0.016	−0.017	0.002	−0.029*	−0.010
	(0.62)	(1.12)	(−0.90)	(0.13)	(−1.81)	(−0.61)
Ind	Yes	Yes	Yes	Yes	Yes	Yes
Year	Yes	Yes	Yes	Yes	Yes	Yes
N	901	868	735	976	1 011	1 033
R²	0.400	0.479	0.535	0.401	0.458	0.478
调整R²	0.343	0.424	0.477	0.347	0.410	0.431

注：括号中数值为T值，***、**、*分别表示在1%、5%、10%的统计水平上显著。

资料来源：作者使用STATA软件估计所得。

5.3　本章小结

本章以2008—2017年间中国沪深A股非金融上市公司为样本，在第4章企业金融化适度性与创新研究结论的基础上，认为在企业金融化适度性与创新的传导路径中，企业获得的政府补助能够通过缓解融资约束、降低套利动机与提供充裕的现金流对二者间的关系进行调节，为本章政府补助调节作用的假设推导奠定了理论基础，并在此基础上，从款项不可自由支配与款项可自由支配两种情形下政府补助的调节效应进行了分析与验证。结果发现，企业获得的政府补助将有利于缓解过度金融化对创新的挤出效应，但不会显著影响适度金融化对创新的助推效应。这说明，在过度金融化的企业中，当企业获得不可支配的政府补助款项时将直接且单一地增加企业的创新投入，当企业获得可支配的政府补助款项时，出于政治迎合的目的企业将优先选择对经济增长拉动明显的固定资产投资与政策鼓励的创新投资，而相对削减企业的对外投资包括金融资产投资，从而缓解过度金融化对创新的挤出效应；在适度金融化的企业中，由于其创新资源较充足稳定，不会受到政府补助太大的影响。通过替换变量测量方式、修正模型设定形式、考虑行业识别及金融危机的影响等多个角度对模型进行了稳健性检验，实证结果依然成立，说明本章的研究结论具有很强的稳健性。此外，本章进一步考虑了政府补助和企业金融化主动性对二者关系调节效应的交互作用结果，从企业性质、企业生命周期及主业增长水平三个角度进行考察后发现，过度金融化对创新的挤出效应确实会显著受到政府补助与企业生命周期和主业增长水平的交互调节影响，从而反映出政府补助和金融化主动性对企业金融化适度性与创新二者间关系的交互调节作用。说明当企业能够获得一定量的政府补助时，主动金融化的企业会为了迎合政府而使得其金融化主动性有所下降，从而缓解了主动金融化企业中金融化适度性对创新的挤出效应。本章的研究结论能够揭示政府补助作用于微观企业的机制与路径，对通过国家宏观政策调整引导企业适度金融化、提高创新具有指导意义。

第6章 企业金融化适度性、货币政策宽松度与创新

　　货币政策作为重要的宏观经济政策之一，对调控微观企业行为和影响宏观经济走势具有重要作用（王国刚，2012）。尤其是金融危机之后，为了避免经济下滑，我国采取积极的财政政策和宽松的货币政策，信贷规模与投资规模迅速扩大。之后，货币政策反复波动，宏观经济走势与通胀也反复胶着。实践表明，货币政策对投资支出以及经济总产出的影响尤为重要（徐光伟和孙铮，2015）。因此，本章将货币政策宽松度作为企业金融化适度性与创新的又一重要宏观调控变量，对其中的影响机理进行了考察。

6.1 货币政策宽松度对企业金融化适度性与创新关系的调节效应

6.1.1 理论分析与假设提出

　　货币是联结经济和金融的纽带，货币理论的微观基础是人类的金融

行为，货币政策的实质就是通过影响金融过程改变实际经济变量（白钦先，2000）。根据金融与宏观经济走势，通过货币渠道和信贷渠道，货币政策分别对金融市场和实体经济进行调控，进而实现预防通货膨胀与稳定经济增长的双重目标（Bernanke 和 Gertler，1995；Mojon 等，2002；盛松成和吴培新，2008）。当经济过热存在通胀风险时，央行趋向于实施紧缩的货币政策以抑制投资过热；而当经济下滑存在通缩风险时，央行趋向于实施宽松的货币政策，配合经济刺激计划，通过拉动总需求来推动经济增长（徐光伟和孙铮，2015）。

货币政策对企业经济活动的影响主要体现在提高企业的融资成本和限制融资规模，并最终影响企业的投资行为（钟凯等，2017）。首先，货币政策通过企业融资约束对企业投资具有显著影响（靳庆鲁等，2012；徐光伟和孙铮，2015）。当实施宽松的货币政策时，增发货币会促进信贷投放，使企业贷款利率下浮、可贷款额度增加，在帮助企业降低融资成本的同时扩大债务融资规模（黄志忠和谢军，2013），缓解了企业的融资约束，对企业金融化适度性与创新二者间的关系产生影响。

其次，宽松的货币政策有助于企业从商业银行获取更多的信贷资金。在此过程中，企业与银行签署的信贷协议将作为利好消息在资本市场上释放信号，从而为企业带来正向的超额回报（James，1987；Lummer 和 McConnell，1989），增强企业获利能力，对企业金融化适度性与创新二者间的关系产生影响。

最后，考虑到资金储备与权衡理论，货币政策的变动将会影响到企业的资金需求。在货币政策宽松时期，经济形势相对低迷，此时企业对资金的需求较低，且获取资金较为便利（祝继高和陆正飞，2009），企业投资所受到的现金流约束将有所降低，从而对企业金融化适度性与创新二者间的关系产生影响。

因此，货币政策宽松度将通过融资约束路径、获利能力路径和现金流约束路径使得金融化适度性对创新的影响强度发生变化。首先，由于在适度金融化企业中，即使资源相对充裕，企业仍能够合理、有度地配置各方资源，因此即使宽松的货币政策会增加企业的现有资源，企业也能够将增加的资源合理安排而不会执着于某个项目，因此货币政策宽松度并不会显著影响金融化适度性对创新的助推效应。而在过度金融化企业中，关于货币政策宽松度对企业金融化适度性与创新二者间的调节作用，可以从资本成本与调整成本角度进行分析。

一是从资本成本角度的考量。新古典投资理论认为，供给和需求两方面同时决定企业的投资行为，企业在投资决策时会通过对投资项目的成本与收益进行权衡实现价值最大化（谢乔昕，2017）。企业在对投资组合进行权衡时，按照其所承担的风险提出其要求获得的报酬率水平，即资本成本。根据金融投资项目与企业创新项目的固有特征，金融投资项目投资周期短、变现能力强且能够帮助企业获得超额收益从而实现套利功能；而企业创新项目则有着投资周期长，需要持续、稳定的资金作为项目来源，且风险较大、回报不确定等特点，这将导致企业投资于创新项目的资本成本远高于金融项目的资本成本。因此，当企业面临宽松的货币政策环境，需要增加企业投资支出时，其对于金融项目与创新项目的追加投资将不会同比增加，而是倾向于对金融项目的投资增长比例高于对创新项目的投资增长比例。这主要是由于在货币政策宽松时期管理者对市场预期较好、投机心理增强。当企业可获得的资金增加、进而增加投资时，出于追求利润最大化的目的以及管理者短视行为，其将更加青睐于资本成本低而收益较高的金融项目，甚至通过增加债务的方式获取资金进入金融、房地产行业（王红建等，2016），而不会将来之不易的资金投向资本成本高而回报不确定的创新项目。因此，宽松的货币政策易产生或加剧资本错配问题，企业对于宽松货币政策环境中金融项目与创新项目不同量的追加投资将加剧金融化适度性对创新的挤出效应。

二是从调整成本角度的考量。与金融投资项目相比，创新项目不仅具有较高的资本成本，还具有相对较高的调整成本（Himmelberg 和 Petersen，1994；Brown 和 Peterson，2011），突然的中断和再延续会给企业带来更大的损失（Hall，2002）。随着经济水平与通货膨胀的变动，货币政策也处在反复的波动之中，在不稳定的货币政策环境下，企业在对投资项目进行调整时会考虑到项目调整成本的存在，进而产生两种不同的情形。一方面，金融项目趋于短期获利，而创新项目则趋于企业的长期可持续发展。当企业由于政策宽松而获得额外可用于投资的资本并用于增加项目投资时，考虑到一旦政策变动将直接导致该部分资本无法获得，该融资渠道的不稳定性可能无法支持企业创新项目的长期、持续、稳定的投资并因此会引发更高昂的调整成本，因此其会优先考虑将这部分额外的资金投入短期可获利且调整成本较低的金融项目中。这种情形下，企业对于金融项目与创新项目的不同序追加投资将导致金融化适度性对于企业创新的挤出效应更加剧烈。作者据此提出本章的竞争性假设 H6a。

H6a：与货币政策紧缩时相比，宽松的货币政策将加剧金融化适度性对创新的挤出效应，而不会显著影响二者间的助推效应。

另一方面，宽松的货币政策通常伴随经济增长下行、宏观经济环境恶化等状况，此时融资水平较低、资源匮乏的企业常常面临着外部融资约束和内部资金困扰问题。在外部经济环境不利时期，当企业由于政策宽松而获得可支配资本并用于维持已有的项目投资时，考虑到一旦创新项目资金短缺将无法支持企业创新项目的长期、持续、稳定的投资，并因此会引发高昂的调整成本（Brown 和 Petersen，2011），其会优先考虑将企业资金投入到创新项目中。因此，企业在不同投资项目间进行决策时，考虑到创新项目的高调整成本以及企业资金的短缺困境，其会优先考虑将有限的资源投入到沉没成本高的创新项目中，以起到一定的缓冲和保护作用。而在企业创新项目资金供给充足的条件下，才会进一步考虑通过增加短期可获利且调整成本较低的金融项目投资来为企业增加收益。企业对于宽松货币政策环境中金融项目与创新项目不同序的追加投资将导致金融化适度性对于企业创新的挤出效应得到缓解，而不会显著影响二者间的助推效应。作者据此提出本章的竞争性假设 H6b。

H6b：与货币政策紧缩时相比，宽松的货币政策将缓解金融化适度性对创新的挤出效应，但不会显著影响二者间的助推效应。

6.1.2 研究设计

（1）样本选择与数据来源

本章在第4章所选用样本的基础上加入了2008—2017年沪深A股非金融上市公司的货币政策宽松度样本数据，由于不存在货币政策宽松度

数据缺失样本，最终获得10个年度共9 952个样本观测值①。货币政策
宽松度原始数据来自中宏数据库和中国人民银行调查统计数据库，其余
数据来自CSMAR数据库，数据处理主要使用EXCEL2010与STATA15.0
软件。

（2）模型设计

双重差分法（DID）是进行政策评估最常用的方法（唐为和王媛，
2015）。已有刘飞（2013）、田存志等（2014）、林博和吴卫星（2018）
等学者构建双重差分模型来检验货币政策效应。由于金融化适度性所导
致的企业创新差异的特征，我国货币政策的实施使得过度金融化企业
（企业创新资源不足，急需从外部获得资金）受到显著影响，而适度金
融化企业（企业资源能够承担目前创新投资）受到的影响可能较小，因
此可以根据这一特征采用双重差分的思想进行检验。

本章采用模型（6-1）和模型（6-2）来识别货币政策宽松度在企
业金融化适度性与创新二者关系中所发挥的政策效应。通过两个模型间
相互印证来提高结论的可靠性。首先采用模型（6-1）分别就货币政策
宽松年的公司样本和紧缩年的公司样本进行分组估计，来观察不同货币
政策宽松度下企业金融化适度性与创新关系的动态变化。若在货币政策
宽松组和紧缩组中Exfin_01的系数α_1存在显著差异，则验证了货币政策
在企业金融化适度性与创新二者关系中的政策效应确实存在。具体地，
若宽松组中Exfin_01的系数α_1为负且显著小于紧缩组中Exfin_01的系
数，则反映出宽松的货币政策加剧了二者关系的挤出效应，竞争性假设
H6a得到验证；若紧缩组中Exfin_01的系数α_1为负且显著小于宽松组中
Exfin_01的系数，则反映出宽松的货币政策缓解了二者关系的挤出效
应，竞争性假设H6b得到验证。然后采用双重差分模型（6-2）来观察
货币政策宽松度在企业金融化适度性与创新二者关系中所发挥的政策效
应。若交乘项Exfin_01×Mp的系数β_3显著为负，则反映出宽松的货币政
策加剧了二者关系的挤出效应，竞争性假设H6a得到验证；若交乘项

① 本章与第4章样本处理过程基本一致，选取2008—2017年沪深A股非金融上市公司
为样本，并在样本筛选过程中剔除金融行业上市公司、剔除没有研发投入或未披露研发投入
的样本并剔除主要变量观测值缺失的样本。与第4章相比，本章变量中增加了货币政策宽松
度这一新的变量，但该变量并不存在数据缺失现象，因此最终仍获得10个年度共9 952个样
本观测值。

Exfin_01×Mp 的系数 β_3 显著为正，则反映出宽松的货币政策缓解了二者关系的挤出效应，竞争性假设 H6b 得到验证。

$$Ird_{it} = \alpha_0 + \alpha_1 Exfin\_01_{it} + \alpha_2 Controls_{it} + \sum Ind + \sum Year + \varepsilon_{it} \qquad (6-1)$$

$$Ird_{it} = \beta_0 + \beta_1 Exfin\_01_{it} + \beta_2 Mp_t + \beta_3 Exfin\_01_{it} \times Mp_t + \beta_4 Controls_{it}$$
$$+ \sum Ind + \sum Year + \varepsilon_{it} \qquad (6-2)$$

在上述模型中，Ird 为被解释变量，表示企业创新，以创新投入与年末总资产之比表示。Exfin_01 为金融化适度性的离散型变量，根据第 3 章金融化适度性甄别结果，过度金融化样本公司的 Exfin_01 赋值为 1，适度金融化样本公司的 Exfin_01 赋值为 0。Mp 为货币政策宽松度的离散型变量，根据货币政策宽松度判断结果，货币政策宽松年 Mp 赋值为 1，货币政策紧缩年 Mp 赋值为 0。在模型（6-2）中，Exfin_01 变量用来区分处理组和控制组，具体地，过度金融化样本公司为处理组公司，Exfin_01 为 1；适度金融化样本公司为控制组公司，Exfin_01 为 0。Mp 变量用来区分政策作用区间，具体地，货币政策宽松年为施加政策区间，Mp 为 1；货币政策紧缩年为未施加政策区间，Mp 为 0。[①]在货币政策调整过程中，从时间趋势角度来看，在一个国家范围内所有企业所面临的政治、经济和社会环境基本一致，且在对金融化适度性甄别的过程中已经相应地控制了企业的固有特征、经营状况和财务状况等因素，因此可以认为过度金融化样本与适度金融化样本组别间基本满足平行趋势假定。

在模型（6-1）和模型（6-2）的等号右侧，除了解释变量外，根据已有文献，模型中还分别控制了资产规模（Lnsize）、资产负债率（Lev）、现金持有量（Cash）、资产收益率（Roa）、企业资本密集度（Capint）、技术水平（Intint）、托宾 Q 值（Tbq）、董事会规模（Board）、独董比例（Indr）、高管薪酬（Lnpay3）、股权集中度（Top5）、企业年龄（Listage）、两权分离度（Lqfld）等变量以及行业和年度虚拟变量，控制变量的选取与第 4 章一致。主要变量的定义见表 6-1。

---

① 从交乘项变量的设置来看，模型（6-2）并非最严格意义上的双重差分模型，因为并未找到最直接的政策实施与否的分组样本和政策实施前后的区间样本，而是以受政策影响与否进行分组、以该年度政策实施与否进行区间划分。但该模型仍贯穿有双重差分的思想，在检验过程中进行了分组和区间两个维度上的差分来检验政策效应的存在。对于双重差分思想的运用参见 Rajan 与 Zingales（1998）和 Qian（2008）等学者的相关研究。

表6-1 主要变量定义

种类	变量名称	变量符号	变量定义
因变量	企业创新	Ird	创新投入与年末总资产之比
自变量	企业金融化适度性	Exfin_01	当企业过度金融化时赋值为1，适度金融化时赋值为0
调节变量	货币政策宽松度	Mp	货币政策宽松年为1，货币政策紧缩年为0
控制变量	资产规模	Lnsize	公司年末总资产的自然对数
	资产负债率	Lev	总负债与年末总资产之比
	现金持有量	Cash	货币资金与年末总资产之比
	资产收益率	Roa	当期净利润与年末总资产之比
	企业资本密集度	Capint	固定资产与年末总资产之比
	技术水平	Intint	无形资产与年末总资产之比
	托宾Q值	Tbq	市值与年末总资产之比
	董事会规模	Board	董事会人数
	独董比例	Indr	独立董事人数与董事会人数之比
	高管薪酬	Lnpay3	董事、监事及高管前三名薪酬总额的自然对数
	股权集中度	Top5	前5位大股东持股比例之和
	两权分离度	Lqfld	实际控制人控制权比例与所有权比例的差值
	行业	Ind	行业虚拟变量
	年度	Year	年度虚拟变量

注：董事会规模变量单位为个。资产规模与高管薪酬变量的原始数据单位为元，取对数后无量纲。其余各变量因进行了相应换算无量纲。

资料来源：作者整理所得。货币政策宽松度原始数据来自中宏数据库和中国人民银行调查统计数据库，其余数据来自CSMAR数据库。

（3）货币政策宽松度的定义与测量

目前关于货币政策宽松度的测量方法主要如下：有部分学者直接选用单一指标作为衡量货币政策宽松度的判别依据，如李青原和王红建（2013）等以货币供应量M2增长率为判断依据，李志军和王善平（2011）等以一年期贷款利率水平为判断依据，还有祝继高和陆正飞（2009）等以中国人民银行和国家统计局共同完成的《银行家问卷调查》所提供的货币政策感受指数为判断依据，叶康涛和祝继高（2009）

等则选用该调查中的银行家信心指数为判断依据；也有部分学者采用两个指标进行综合判断，如饶品贵和姜国华（2013）等以中央银行执行的货币政策和利率市场化水平综合判别，韩东平和张鹏（2015）等则用广义货币供应量增长率和狭义货币供应量增长率综合判别；此外，还有学者使用M2增长率、GDP增长率、CPI增长率等变量建立公式对货币政策宽松度进行测算，如陆正飞和杨德明（2011）、郑军等（2013）和黄兴孪等（2016）等学者采用"Mp=M2增长率−GDP增长率−CPI增长率"的方式进行测算，而李志军和王善平（2011）、代冰彬和岳衡（2015）等学者则采用"Mp=M2增长率−GDP增长率"的方式进行测算。本节主要借鉴陆正飞和杨德明（2011）等学者的做法，采用M2增长率和GDP与CPI增长率的差值（Mp）为测量依据对货币政策宽松度进行判断。通过计算，2008—2017年"M2增长率−CPI增长率−GDP增长率"分别为 2.5%、20%、5.9%、−1.2%、3.2%、3.2%、2.8%、4.9%、2.6%和−0.3%，均值为3.8%，因此最终判别2009年、2010年与2015年为货币政策宽松年，其他年度为货币政策紧缩年。判别过程具体见表6-2。

表6-2　　　　　　　　货币政策宽松度判别过程

年份	M2货币供应量增长率（%）	CPI（上年=100）	CPI增长率（%）	GDP指数（上年=100）	GDP增长率（%）	M2-CPI-GDP增长率（%）	Mp
2008年	17.8	105.6	5.6	114.2	14.2	2.5	0
2009年	28.5	99.1	−0.9	109.7	9.7	20.0	1
2010年	19.7	103.2	3.2	109.4	9.4	5.9	1
2011年	13.6	105.3	5.3	110.6	10.6	−1.2	0
2012年	13.8	102.7	2.7	109.5	9.5	3.2	0
2013年	13.6	102.6	2.6	107.9	7.9	3.2	0
2014年	12.2	102.1	2.1	107.8	7.8	2.8	0
2015年	13.3	101.5	1.5	107.3	7.3	4.9	1
2016年	11.3	102.0	2.0	106.9	6.9	2.6	0
2017年	8.1	101.6	1.6	106.7	6.7	−0.3	0

资料来源：作者根据相关数据整理计算所得。货币政策宽松度原始数据来自中宏数据库和中国人民银行调查统计数据库。

6.1.3　实证检验

（1）描述性统计

表6-3中列示了样本数据中主要变量的相关统计量，包括平均值、中位数、最大值、最小值及标准差，以了解样本数据的基本情况。其中，Ird的均值为0.02，中位数为0.02，表明上市公司样本的创新投入占总资产比例平均在2%左右；Exfin_01的均值为0.46，标准差为0.50，中位数为0，最小值为0，最大值为1，表明上市公司样本中有一半以上的样本企业适度金融化，而有不到一半的企业存在过度金融化的现象，过度金融化样本数占总样本数的46%左右。Mp的均值为0.19，标准差为0.40，中位数为0，最小值为0，最大值为1，表明处于货币政策紧缩年的样本企业较多，而处于货币政策宽松年的样本企业较少，不到总样本数的1/5。

表6-3　　　　　　　　　　　主要变量的描述性统计①

变量	样本数	均值	标准差	最小值	P25	P50	P75	最大值
Ird	9952	0.02	0.02	0.00	0.01	0.02	0.03	0.09
Exfin_01	9952	0.46	0.50	0.00	0.00	0.00	1.00	1.00
Mp	9952	0.19	0.40	0.00	0.00	0.00	0.00	1.00

注：P25、P50和P75分别表示1/4、1/2和3/4分位数。

资料来源：作者使用STATA软件统计分析所得。

（2）实证结果分析

本节分别就货币政策宽松年与货币政策紧缩年的公司样本进行了分组估计，并进一步加入货币政策宽松度与金融化适度性的交乘项对全样本进行了估计。结果发现：在货币政策紧缩年，金融化适度性（Exfin_01）的回归系数未通过显著性检验，而在宽松年，金融化适度性（Exfin_01）的回归系数在1%的显著性水平上为负，且数值小于紧缩年回归系数。通过组间差异检验发现，两组样本中金融化适度性（Exfin_01）的回归系数在5%的显著性水平上存在差异，说明与紧缩年相比，在货币政策宽松年企业金融化适度性（是否过度金融化）会显著地挤出创新。同

① 由于本章所使用的样本数据与第4章的样本数据一致，控制变量的描述性统计与第4章相同，故此处未重复列示。

时，对全样本进行双重差分估计发现，货币政策宽松度与金融化适度性
交乘项（Exfin_01×Mp）的回归系数在1%的显著性水平上为负，表明
货币政策宽松度会加剧金融化适度性（是否过度金融化）对企业创新的挤
出效应，H6a得到验证。以上检验证实货币政策宽松度确实会在企业金
融化适度性与创新二者关系中发挥政策效应，结果见表6-4。

表6-4　货币政策宽松度、企业金融化适度性与创新回归结果

项目	紧缩组	宽松组	全样本
Exfin_01	−0.000 (−0.85)	−0.002*** (−2.74)	−0.000 (−1.05)
Mp			−0.003** (−1.96)
Exfin_01×Mp			−0.002** (−2.24)
Lnsize	−0.002*** (−8.82)	−0.002*** (−4.72)	−0.002*** (−10.21)
Lev	−0.000 (−0.30)	0.004* (1.66)	0.000 (0.47)
Cash	0.003 (1.34)	0.007 (1.55)	0.004** (2.03)
Roa	0.039*** (8.31)	0.051*** (5.69)	0.041*** (9.93)
Capint	−0.001 (−1.02)	0.001 (0.49)	−0.001 (−0.70)
Intint	0.004 (0.93)	0.008 (0.84)	0.005 (1.20)
Tbq	0.001*** (4.88)	0.001*** (3.42)	0.001*** (6.14)
Board	0.000** (2.10)	0.000 (0.52)	0.000** (2.14)
Indr	0.008** (2.37)	0.010 (1.30)	0.008*** (2.73)
Lnpay3	0.005*** (16.14)	0.004*** (6.34)	0.005*** (17.31)
Top5	−0.002 (−1.48)	−0.002 (−1.08)	−0.002* (−1.76)
Lqfld	0.000** (2.48)	0.000** (2.33)	0.000*** (3.24)
Constant	−0.016*** (−2.88)	−0.004 (−0.34)	−0.013*** (−2.58)
N	8 012	1 940	9 952
R^2	0.392	0.396	0.391
调整 R^2	0.385	0.370	0.385

注：括号中数值为T值，***、**、*分别表示在1%、5%、10%的统计水平上
显著。均控制了行业和年度效应，表中未列示。

资料来源：作者使用STATA软件估计所得。

6.1.4 稳健性检验

为证实上述结论的可靠性，本节通过替换变量测量方式、PSM-DID检验、考虑行业识别及金融危机的影响等多个角度进行了稳健性检验。

（1）替换变量测量方式[1]

①货币政策宽松度的测量

前述检验中关于货币政策宽松度的测量采用了M2增长率与GDP增长率和CPI增长率的差值进行判断的方式。为验证回归结果的稳健性，并进一步增强货币政策宽松度判断的准确性，本节重新结合已有的四个指标综合进行判断[2]。选取的指标分别是M2增长率与GDP增长率和CPI增长率的差值（指标1，即主检验中的Mp）、M2增长率与GDP增长率的差值（指标2）、银行家信心指数（指标3）以及银行业景气指数（指标4）。首先，由于银行家信心指数（指标3）和银行业景气指数（指标4）为季度数据，为统一计量窗口，本节分别将其转换为年均数值；然后，在四个指标均为年度数据的基础上，以均值为界将四个指标分别赋值为离散型变量，此时的变量含义为分别以指标1至指标4为依据所识别出的货币政策宽松（赋值为1）或紧缩（赋值为0）；由于不同判断依据下所识别的货币政策宽松度有所差异，因此本节根据四个指标综合进行了判断，即当四个指标中有三个及以上指标显示该年的货币政策为宽松时，则将该年货币政策宽松度（Mp2）赋值为1（宽松）；当四个指标中有三个及以上指标显示该年的货币政策为紧缩时，则将该年货币政策宽松度（Mp2）赋值为0（紧缩）；其他情况（如两个指标显示为宽松而剩余两个指标显示为紧缩）的年度则不予赋值。最终综合判断结果为2009年与2010年为货币政策宽松年，2007年、2014年、2015年、2016年与2017年为货币政策紧缩年。使用Mp2对原假设重新进行检验，分组检验结果虽不显著，但双重差分结果与主检验的结论相一致，证实了

---

[1]　由于货币政策宽松度主要是通过调整企业的信贷融资对企业投融资产生影响，而企业金融化和创新均需要一定的资金作为保障，因此货币政策对企业金融化适度性与企业创新投入的影响更为直接。而从创新投入到产出有着极其复杂的过程，货币政策对金融化适度性与创新投入的调节效应能否传导至产出环节仍未可知，因此本节并未进行创新专利指标替换创新投入指标的稳健性检验。

[2]　由于运用四个指标对货币政策综合判断的方法会导致2008年、2011年、2012年和2013年的样本丢失，因此在主检验中并未选用该法。

货币政策在企业金融化适度性与创新二者关系中所发挥的政策效应。判别过程见表6-5，稳健性检验结果见表6-6。

表6-5 货币政策宽松度替代指标Mp2判别过程

项目	指标1		指标2		指标3		指标4		Mp2
	数值	赋值	数值	赋值	数值	赋值	数值	赋值	赋值
2007年	−2	0	2.5	0	35.575	0	88.1	1	0
2008年	2.5	0	8.1	1	34.6	0	84.525	1	0
2009年	20	1	19.1	1	47.85	0	80.55	1	1
2010年	5.9	1	9.1	1	65.1	1	85.55	1	1
2011年	−1.2	0	4.1	0	56.635	1	84.4	1	0
2012年	3.2	0	5.9	0	55.1	1	79.95	1	0
2013年	3.2	0	5.8	0	67.15	1	77.975	1	0
2014年	2.8	0	4.9	0	58.225	1	72.85	0	0
2015年	4.9	1	6.4	0	42.35	0	64.2	0	0
2016年	2.6	0	4.6	0	45.5	0	62.525	0	0
2017年	−0.3	0	1.3	0	71.8	1	66.5	0	0
均值	3.8		6.5		52.7		77.0		

资料来源：作者整理计算所得。原始数据来自中宏数据库和中国人民银行调查统计数据库。

②关于金融化水平的测量

运用狭义口径计算的金融化水平对本章主检验重新进行验证后发现，回归系数的大小、方向及显著性水平均未发生较大变化，且分样本回归的组间差异检验仍在5%的显著性水平上显著，检验结果与主结论相一致。具体见表6-6。

③控制变量的选择

本节还将部分控制变量进行了替换，具体包括以下内容：企业盈利水平用净资产收益率（Roe）替换资产收益率（Roa）；内部融资渠道用经营现金流占总资产之比（Cfo）替换货币资金占总资产之比（Cash）；高管薪酬水平用董事、监事及高管年薪总额的自然对数（Lnpay）替换董事、监事及高管前三名薪酬总额的自然对数（Lnpay3）；股权集中度用前10位大股东持股比例之和（Top10）替换前5位大股东持股比例之和（Top5）。检验结果与主检验的结论相一致，检验结果见表6-6。

表6-6　　　　　　　　　　替代指标的稳健性检验结果

项目	货币政策宽松度替代指标检验			金融化水平替代指标检验			控制变量替代指标检验		
	紧缩组	宽松组	全样本	紧缩组	宽松组	全样本	紧缩组	宽松组	全样本
Exfin_01	-0.001 (-1.49)	-0.002 (-0.95)	-0.001 (-1.60)				-0.001* (-1.83)	-0.002*** (-3.68)	-0.001** (-1.97)
Exfin2_01				-0.000 (-0.76)	-0.002*** (-3.07)	-0.000 (-1.02)			
Mp						-0.003 (-1.93)			-0.005*** (-2.92)
Mp2		0.000 (0.32)							
Exfin_01×Mp									-0.002** (-2.49)
Exfin2_01×Mp						-0.002* (-2.36)			
Exfin_01×Mp2			-0.002* (-1.66)						
Lnsize	-0.002*** (-8.00)	-0.004*** (-3.74)	-0.002*** (-8.37)	-0.002*** (-8.81)	-0.002*** (-4.74)	-0.002*** (-10.21)	-0.002*** (-9.92)	-0.003*** (-5.10)	-0.002*** (-11.41)
Lev	0.002 (1.36)	0.007 (1.22)	0.002* (1.72)	-0.000 (-0.30)	0.004 (1.66)	0.000 (0.48)	-0.003** (-2.49)	0.001 (0.43)	-0.002** (-2.17)
Cash	0.005** (2.46)	-0.009 (-0.86)	0.005** (2.54)	0.003 (1.32)	0.008* (1.77)	0.004** (2.08)			
Cfo							0.020*** (7.21)	0.031*** (5.63)	0.023*** (9.04)
Roa	0.041*** (8.02)	0.079*** (3.87)	0.043*** (8.73)	0.039*** (8.30)	0.051*** (5.69)	0.041*** (9.93)			
Roe							0.001** (2.11)	0.000*** (2.87)	0.000** (2.56)
Capint	0.001 (1.01)	-0.015** (-2.23)	0.001 (0.54)	-0.001 (-1.00)	0.001 (0.50)	-0.001 (-0.68)	-0.006*** (-4.58)	-0.006** (-2.10)	-0.006*** (-5.16)
Intint	0.008 (1.64)	-0.006 (-0.26)	0.007 (1.51)	0.004 (0.93)	0.008 (0.84)	0.005 (1.20)	-0.002 (-0.56)	-0.002 (-0.20)	-0.002 (-0.60)
Tbq	0.001*** (4.86)	0.001* (1.87)	0.001*** (5.40)	0.001*** (4.88)	0.001*** (3.34)	0.001*** (6.10)	0.001*** (6.52)	0.001*** (4.13)	0.001*** (7.83)
Board	0.000** (2.34)	-0.000 (-0.87)	0.000* (1.90)	0.000* (2.10)	0.000 (0.53)	0.000** (2.14)	0.000 (0.48)	-0.000 (-0.53)	0.000 (0.25)
Indr	0.014*** (3.59)	-0.001 (-0.04)	0.013*** (3.42)	0.008** (2.37)	0.010 (1.31)	0.008*** (2.74)	0.006* (1.92)	0.007 (0.97)	0.007** (2.17)
Lnpay3	0.005*** (14.12)	0.001 (0.85)	0.004*** (13.80)	0.005*** (16.13)	0.004*** (6.32)	0.005*** (17.29)			
Lnpay							0.006*** (19.08)	0.005*** (8.56)	0.006*** (21.00)
Top5	-0.004*** (-3.13)	0.004 (0.70)	-0.003*** (-2.85)	-0.002 (-1.48)	-0.003 (-1.11)	-0.002* (-1.76)			
Top10							-0.000 (-0.47)	-0.000 (-0.61)	-0.000 (-0.57)
Lqfld	0.000*** (3.40)	0.000 (1.14)	0.000*** (3.46)	0.000** (2.49)	0.000** (2.27)	0.000*** (3.23)	0.000*** (3.28)	0.000*** (2.75)	0.000*** (4.13)
Constant	-0.020*** (-3.23)	0.081*** (3.17)	-0.015*** (-2.59)	-0.016*** (-2.88)	-0.003 (-0.30)	-0.013** (-2.57)	-0.022*** (-4.16)	-0.015 (-1.35)	-0.020*** (-4.10)
Ind	Yes	Yes	Yes	Yes	Yes	Yes	Yes	Yes	Yes
Year	Yes	Yes	Yes	Yes	Yes	Yes	Yes	Yes	Yes
N	6 454	443	6 897	8 012	1 940	9 952	8 012	1 940	9 952
R^2	0.397	0.454	0.393	0.392	0.396	0.391	0.398	0.402	0.397
调整R^2	0.389	0.371	0.385	0.385	0.385	0.370	0.392	0.377	0.391

注：括号中数值为T值，***、**、*分别表示在1%、5%、10%的统计水平上显著。

资料来源：作者使用STATA软件估计所得。

（2）基于PSM-DID估计的模型设定检验

上述检验结果主要运用了双重差分估计方法。此外，为了保证双重差分估计结果的有效性，先运用倾向得分匹配（PSM）构建符合平行趋势假定的平衡面板数据，在此基础上进行双重差分估计。结果显示主要变量的影响方向与大小并未发生较大变化，研究结论依然成立。检验结果见表6-7。

表6-7　　基于PSM-DID估计和考虑金融危机的检验结果

项目	基于PSM-DID估计的检验结果			考虑金融危机的检验结果		
	紧缩组	宽松组	全样本	紧缩组	宽松组	全样本
Exfin_01	-0.001^{**} (-2.05)	-0.002^{***} (-2.80)	-0.001^{**} (-2.11)	-0.000 (-0.81)	-0.002^{**} (-2.24)	-0.000 (-0.97)
Mp			-0.001 (-0.48)			0.000 (0.18)
Exfin_01×Mp			-0.001^{*} (-1.94)			-0.001^{*} (-1.71)
Lnsize	-0.002^{***} (-8.79)	-0.002^{***} (-4.34)	-0.002^{***} (-10.04)	-0.002^{***} (-8.65)	-0.002^{***} (-4.53)	-0.002^{***} (-10.07)
Lev	0.002 (1.61)	0.005^{*} (1.91)	0.003^{**} (2.25)	-0.000 (-0.43)	0.003 (1.32)	0.000 (0.18)
Cash	0.007^{***} (2.86)	0.007 (1.37)	0.007^{***} (3.21)	0.002 (1.11)	0.006 (1.43)	0.003^{*} (1.77)
Roa	0.044^{***} (8.71)	0.055^{***} (5.71)	0.046^{***} (10.35)	0.039^{***} (8.18)	0.041^{***} (4.32)	0.039^{***} (9.30)
Capint	0.000 (0.23)	0.001 (0.45)	0.001 (0.41)	-0.001 (-1.07)	0.002 (0.82)	-0.001 (-0.58)
Intint	0.003 (0.61)	0.018^{*} (1.69)	0.006 (1.30)	0.004 (0.92)	0.008 (0.83)	0.005 (1.19)
Tbq	0.001^{***} (4.00)	0.001^{***} (3.23)	0.001^{***} (5.16)	0.001^{***} (4.84)	0.001^{***} (2.91)	0.001^{***} (5.71)
Board	0.000 (1.35)	0.000 (1.12)	0.000^{*} (1.77)	0.000^{*} (1.87)	0.000 (0.46)	0.000^{*} (1.93)
Indr	0.007^{**} (1.98)	0.012 (1.53)	0.008^{**} (2.48)	0.008^{**} (2.41)	0.011 (1.32)	0.009^{***} (2.80)
Lnpay3	0.005^{***} (14.24)	0.004^{***} (5.87)	0.005^{***} (15.38)	0.005^{***} (15.91)	0.005^{***} (7.09)	0.005^{***} (17.49)
Top5	-0.000 (-0.39)	-0.002 (-0.93)	-0.001 (-0.67)	-0.002^{*} (-1.70)	-0.003 (-1.40)	-0.002^{**} (-2.08)
Lqfld	0.000^{*} (1.68)	0.000^{**} (2.00)	0.000^{**} (2.38)	0.000^{**} (2.35)	0.000^{**} (2.07)	0.000^{***} (2.98)
Constant	-0.012^{*} (-1.92)	-0.007 (-0.58)	-0.010^{*} (-1.86)	-0.017^{***} (-2.95)	-0.012 (-0.95)	-0.017^{***} (-3.38)
Ind	Yes	Yes	Yes	Yes	Yes	Yes
Year	Yes	Yes	Yes	Yes	Yes	Yes
N	6 704	1 657	8 361	7 875	1 735	9 610
R^2	0.390	0.402	0.390	0.394	0.401	0.393
调整R^2	0.382	0.372	0.383	0.387	0.372	0.388

注：括号中数值为T值，***、**、*分别表示在1%、5%、10%的统计水平上显著。PSM的估计过程和结果详见第4章稳健性检验。

资料来源：作者使用STATA软件估计所得。

（3）考虑金融危机的检验

考虑到金融危机可能对货币政策宽松度在企业金融化适度性与创新二者关系中所发挥的政策效应产生影响，参照杜勇等（2017）的检验方法，剔除2008年与2009年的样本观测值重新进行检验。检验结果与主结论基本一致，具体结果见表6-7。

（4）基于行业识别的检验

考虑到企业金融化适度性与创新二者间的关系在不同行业间所表现出的异质性，将样本企业分为制造业样本企业与非制造业样本企业以及房地产业样本企业与非房地产业样本企业对货币政策宽松度在二者关系中发挥的政策效应分别进行了行业识别检验。结果显示，与非制造业企业相比，在制造业企业中货币政策宽松度的政策效应更显著；与房地产业企业相比，在非房地产业企业中货币政策宽松度的政策效应更显著，表明货币政策宽松度在企业金融化适度性与创新二者关系中发挥的政策效应确实存在行业识别现象。结果均与预期相符。检验结果见表6-8。

上述一系列稳健性检验的结果表明，本章的研究结论具有较强的稳健性。

6.2 货币政策宽松度和企业金融化主动性的交互调节效应

在第4章中考虑了企业金融化主动性的异质性后发现，与主动金融化的样本企业相比，被动金融化的企业通常面临着更严峻的融资环境，使其创新投资决策和创新能力受到金融化适度性的影响更为敏感。那么由此产生的问题是，当企业处于宽松的货币政策环境中时，企业的融资水平将相应有所提高，从而有更多资源可用于企业项目投资，此时企业对于项目的追加投资是否会相应地增强企业金融化主动性，从而加剧主动金融化企业中金融化适度性对创新的挤出效应？为此，本节将企业金融化主动性的问题考虑在内，对货币政策宽松度、企业金融化适度性与创新二者间的关系进行了深入的研究，以期能部分反映货币政策宽松度和金融化主动性在企业金融化适度性与创新二者关系间的交互调节作用。

表6-8　　　　　　　　　　基于行业识别的检验结果

项目	制造业行业识别检验结果						房地产业行业识别检验结果					
	制造业样本企业			非制造业样本企业			房地产业样本企业			非房地产业样本企业		
	紧缩组	宽松组	全样本	紧缩组	宽松组	全样本	紧缩组	宽松组	全样本	紧缩组	宽松组	全样本
Exfin_01	0.000	−0.003***	0.000	−0.002***	0.001	−0.002*	−0.000	0.000	−0.000	−0.000	−0.002***	−0.000
	(0.69)	(−3.38)	(0.38)	(−2.65)	(0.71)	(−2.44)	(−0.71)	(0.09)	(−0.87)	(−0.81)	(−2.75)	(−1.00)
Mp			−0.002			−0.008*			−0.003***			−0.003**
			(−1.14)			(−2.02)			(−2.65)			(−1.96)
Exfin_01×Mp			−0.003***			0.002			0.001			−0.002**
			(−3.33)			(1.10)			(1.05)			(−2.28)
Lnsize	−0.002***	−0.002***	−0.002***	−0.002***	−0.003**	−0.002***	−0.001**	0.000	−0.001***	−0.002***	−0.002***	−0.002***
	(−7.72)	(−4.20)	(−8.85)	(−4.79)	(−2.57)	(−5.68)	(−2.96)	(0.44)	(−2.97)	(−8.73)	(−4.71)	(−10.13)
Lev	−0.000	0.002	0.000	−0.000	0.013**	0.002	0.010***	0.002	0.010***	−0.000	0.004*	0.000
	(−0.31)	(0.76)	(0.10)	(−0.09)	(2.04)	(0.67)	(4.18)	(0.14)	(4.24)	(−0.35)	(1.70)	(0.46)
Cash	−0.004*	0.005	−0.002	0.019***	0.009	0.017***	−0.002	−0.005	−0.001	0.002	0.007	0.003**
	(−1.90)	(0.95)	(−1.23)	(4.49)	(0.94)	(4.64)	(−0.64)	(−0.40)	(−0.46)	(1.27)	(1.53)	(1.96)
Roa	0.041***	0.043***	0.041***	0.035***	0.073***	0.041***	−0.019	−0.002	−0.015	0.039***	0.051***	0.041***
	(8.01)	(4.43)	(9.07)	(3.01)	(3.19)	(4.09)	(−1.58)	(−0.08)	(−1.59)	(8.31)	(5.68)	(9.93)
Capint	−0.003**	0.000	−0.002*	0.002	0.004	0.002	−0.014**	0.001	−0.015**	−0.001	0.001	−0.001
	(−2.13)	(0.09)	(−1.82)	(0.76)	(0.82)	(0.98)	(−2.45)	(0.01)	(−2.64)	(−1.06)	(0.47)	(−0.74)
Intint	−0.012**	−0.006	−0.011**	0.036***	0.038**	0.036***	0.054***	0.019	0.056***	0.004	0.008	0.004
	(−2.23)	(−0.50)	(−2.22)	(4.66)	(2.29)	(5.24)	(4.07)	(0.28)	(4.29)	(0.82)	(0.83)	(1.10)
Tbq	0.001***	0.001*	0.001***	0.001***	0.002***	0.001***	0.001***	0.001	0.001***	0.001***	0.001***	0.001***
	(3.91)	(2.53)	(4.88)	(2.60)	(2.63)	(3.64)	(3.35)	(1.75)	(4.53)	(4.86)	(3.41)	(6.13)
Board	0.000	−0.000	0.000	0.001**	0.001	0.001***	0.000	0.000	0.000*	0.000**	0.000	0.000**
	(1.01)	(−0.07)	(0.90)	(2.46)	(1.15)	(2.77)	(1.58)	(0.19)	(1.76)	(2.12)	(0.52)	(2.16)
Indr	0.005	0.004	0.005	0.018**	0.027	0.020***	0.000	0.006	0.003	0.008**	0.009	0.008***
	(1.24)	(0.51)	(1.32)	(2.46)	(1.63)	(3.00)	(0.03)	(0.68)	(0.55)	(2.28)	(1.26)	(2.63)
Lnpay3	0.005***	0.004***	0.005***	0.006***	0.004***	0.005***	0.000	−0.000	0.000	0.005***	0.004***	0.005***
	(13.91)	(5.94)	(15.11)	(8.53)	(2.61)	(8.89)	(0.20)	(−0.03)	(0.39)	(16.11)	(6.36)	(17.29)
Top5	−0.001	−0.002	−0.001	−0.003	−0.004	−0.003	−0.002	−0.001	−0.002*	−0.002	−0.002	−0.002*
	(−0.86)	(−0.64)	(−1.06)	(−1.27)	(−0.79)	(−1.53)	(−1.07)	(−0.09)	(−1.82)	(−1.42)	(−1.03)	(−1.68)
Lqfld	0.000***	0.000	0.000***	0.000	0.000**	0.000	−0.000***	−0.000	−0.000***	0.000***	0.000**	0.000***
	(2.90)	(1.63)	(3.36)	(0.17)	(2.01)	(0.98)	(−2.54)	(−0.02)	(−2.67)	(2.53)	(2.32)	(3.27)
Constant	−0.008	0.003	−0.006	−0.036***	−0.013	−0.030***	0.012**	−0.013	0.008	−0.017***	−0.004	−0.014***
	(−1.38)	(0.23)	(−1.05)	(−3.22)	(−0.58)	(−2.99)	(2.02)	(−0.68)	(1.50)	(−2.96)	(−0.38)	(−2.67)
Ind	Yes	Yes	Yes	Yes	Yes	Yes	Yes	Yes	Yes	Yes	Yes	Yes
Year	Yes	Yes	Yes	Yes	Yes	Yes	Yes	Yes	Yes	Yes	Yes	Yes
N	6 116	1 505	7 621	1 896	435	2 331	80	19	99	7 932	1 921	9 853
R²	0.251	0.248	0.248	0.606	0.659	0.612	0.843	0.940	0.835	0.385	0.389	0.383
调整R²	0.245	0.226	0.243	0.594	0.614	0.601	0.797	0.642	0.787	0.378	0.363	0.378

注：括号中数值为T值，***、**、*分别表示在1%、5%、10%的统计水平上显著。

资料来源：作者使用STATA软件估计所得。

6.2.1 基于企业性质角度的考察

国有企业融资渠道多元畅通，非国有企业却面临严重的融资障碍（Allen 等，2005；辛宇和徐莉萍，2007），国有企业能够以更低的利率获得银行贷款（胡奕明和谢诗蕾，2005），这将导致货币政策在不同性质的企业中对投资的影响效果有所差异。通过考察企业性质所带来的金融化适度性与创新关系的异质性发现，与国有企业相比，非国有企业往往面临着被动金融化的困境，且其创新受金融化适度性的影响更为显著。而进一步纳入货币政策宽松度的交互调节效应后发现，与非国有样本企业相比，在国有企业中宽松的货币政策将加剧金融化与创新二者间的挤出效应。检验结果见表6-9。

6.2.2 基于企业生命周期角度的考察

对企业生命周期所带来的金融化适度性与创新关系的异质性考察后发现，随着企业生命周期的不断演进，在成长期、成熟期和衰退期企业中创新受金融化适度性影响的显著性水平递减。进一步纳入货币政策宽松度的交互调节效应后发现，相对于被动金融化的成长期企业来说，在主动金融化的成熟期企业中宽松的货币政策对企业金融化适度性与创新关系的调节效应更显著。检验结果见表6-10。

6.2.3 基于企业主业增长水平角度的考察

在第4章中对企业主业增长水平所带来的金融化适度性与创新关系的异质性考察发现，与低主业增长水平的样本企业相比，在高主业增长水平的样本企业中创新受金融化适度性的影响更为显著。进一步纳入货币政策宽松度的交互调节效应后发现，与被动金融化的高主业增长水平样本企业相比，在主动金融化的中主业增长水平样本企业和低主业增长水平样本企业中宽松的货币政策对企业金融化适度性与创新关系的调节效应更显著。检验结果见表6-11。

表6-9   基于企业性质的检验结果

项目	国有企业样本（主动）			非国有企业样本（被动）		
	紧缩组	宽松组	全样本	紧缩组	宽松组	全样本
Exfin_01	0.000 (0.18)	−0.005*** (−3.54)	0.000 (0.10)	−0.000 (−1.03)	−0.001 (−0.81)	−0.000 (−1.08)
Mp			0.002 (0.97)			−0.005** (−2.27)
Exfin_01×Mp			−0.004*** (−3.48)			−0.000 (−0.43)
Lnsize	−0.003*** (−7.98)	−0.003*** (−3.87)	−0.003*** (−8.67)	−0.002*** (−5.27)	−0.002** (−2.45)	−0.002*** (−5.92)
Lev	−0.003* (−1.78)	−0.000 (−0.01)	−0.002 (−1.48)	−0.001 (−0.41)	0.003 (0.80)	−0.000 (−0.14)
Cash	0.001 (0.40)	0.010 (1.33)	0.003 (0.82)	0.002 (1.10)	0.001 (0.27)	0.003 (1.35)
Roa	0.045*** (6.57)	0.048*** (3.38)	0.043*** (7.10)	0.036*** (5.78)	0.058*** (4.71)	0.040*** (7.24)
Capint	−0.000 (−0.06)	0.002 (0.53)	0.000 (0.24)	−0.001 (−0.60)	0.001 (0.35)	−0.001 (−0.35)
Intint	−0.000 (−0.05)	0.010 (0.84)	0.002 (0.39)	0.015** (2.08)	0.017 (1.22)	0.015** (2.35)
Tbq	−0.001 (−1.44)	−0.000 (−0.05)	−0.000 (−0.76)	0.001*** (6.11)	0.001*** (4.20)	0.001*** (7.54)
Board	0.000 (0.47)	−0.000 (−1.24)	−0.000 (−0.17)	0.001*** (2.87)	0.001 (1.56)	0.001*** (3.39)
Indr	0.007 (1.38)	0.002 (0.13)	0.006 (1.19)	0.013*** (2.59)	0.018* (1.70)	0.014*** (3.14)
Lnpay3	0.004*** (8.12)	0.004*** (3.40)	0.004*** (8.76)	0.005*** (14.06)	0.004*** (5.30)	0.005*** (14.97)
Top5	0.004** (2.40)	0.002 (0.40)	0.004** (2.33)	−0.004*** (−2.71)	−0.005* (−1.67)	−0.004*** (−3.06)
Lqfld	0.000*** (4.29)	0.000** (2.30)	0.000*** (5.01)	0.000 (0.58)	0.000** (2.08)	0.000 (1.27)
Constant	0.007 (0.87)	0.019 (1.18)	0.008 (1.10)	−0.023** (−2.46)	−0.018 (−0.91)	−0.021** (−2.50)
Ind	Yes	Yes	Yes	Yes	Yes	Yes
Year	Yes	Yes	Yes	Yes	Yes	Yes
N	2 822	729	3 551	5 190	1 211	6 401
R^2	0.458	0.447	0.450	0.370	0.404	0.373
调整 R^2	0.442	0.388	0.437	0.360	0.366	0.365

注：括号中数值为T值，***、**、*分别表示在1%、5%、10%的统计水平上显著。

资料来源：作者使用STATA软件估计所得。

表6-10　　　　　基于企业生命周期的检验结果

项目	成长期样本企业（被动）			成熟期样本企业（主动）			衰退期样本企业（主动）		
	紧缩组	宽松组	全样本	紧缩组	宽松组	全样本	紧缩组	宽松组	全样本
Exfin_01	-0.000	-0.002	-0.000	-0.000	-0.003^{**}	-0.000	-0.001	-0.004	-0.001
	(-0.18)	(-1.58)	(-0.62)	(-0.07)	(-2.06)	(-0.14)	(-1.35)	(-1.49)	(-1.21)
Mp			-0.006^{**}			-0.000			0.001
			(-2.51)			(-0.06)			(0.21)
Exfin_01×Mp			-0.001			-0.002^{*}			-0.002
			(-0.59)			(-1.94)			(-1.13)
Lnsize	-0.002^{***}	-0.002^{***}	-0.002^{***}	-0.002^{***}	-0.004^{***}	-0.003^{***}	-0.002^{***}	0.001	-0.001^{**}
	(-5.90)	(-3.66)	(-7.45)	(-5.96)	(-3.81)	(-7.30)	(-3.29)	(0.42)	(-2.21)
Lev	0.001	0.006^{*}	0.002	0.004^{*}	0.008^{*}	0.005^{***}	-0.005^{**}	-0.000	-0.005^{**}
	(0.50)	(1.69)	(1.16)	(1.90)	(1.73)	(2.60)	(-2.17)	(-0.02)	(-2.14)
Cash	-0.000	0.011^{*}	0.002	-0.000	0.004	0.000	0.012^{**}	-0.002	0.009^{**}
	(-0.07)	(1.77)	(0.89)	(-0.02)	(0.57)	(0.15)	(2.34)	(-0.16)	(2.08)
Roa	0.041^{***}	0.052^{***}	0.044^{***}	0.047^{***}	0.066^{***}	0.050^{***}	0.012	0.046^{*}	0.014
	(5.82)	(3.15)	(6.90)	(5.91)	(4.83)	(7.34)	(1.10)	(1.97)	(1.51)
Capint	-0.001	-0.000	-0.001	-0.006^{***}	-0.001	-0.005^{***}	0.003	0.003	0.003
	(-0.51)	(-0.02)	(-0.41)	(-2.72)	(-0.18)	(-2.67)	(0.85)	(0.34)	(0.88)
Intint	0.009	0.025^{*}	0.012^{**}	-0.010	-0.032^{*}	-0.014^{**}	0.012	0.013	0.013
	(1.35)	(1.96)	(2.07)	(-1.43)	(-1.89)	(-2.20)	(1.08)	(0.30)	(1.11)
Tbq	0.001^{***}	0.001^{***}	0.001^{***}	0.001^{***}	0.000	0.001^{***}	0.000	0.003^{***}	0.001^{***}
	(4.18)	(2.76)	(4.74)	(3.56)	(0.31)	(3.49)	(0.63)	(3.60)	(2.92)
Board	0.000	0.000	0.000	0.001^{**}	0.000	0.000^{**}	0.000	-0.000	0.000
	(0.54)	(0.27)	(0.66)	(2.31)	(0.45)	(2.25)	(0.28)	(-0.33)	(0.00)
Indr	0.008	0.005	0.007^{*}	0.006	0.018	0.008	0.010	0.028	0.011
	(1.61)	(0.53)	(1.71)	(1.09)	(1.19)	(1.45)	(1.03)	(1.22)	(1.26)
Lnpay3	0.005^{***}	0.005^{***}	0.005^{***}	0.005^{***}	0.003^{***}	0.005^{***}	0.006^{***}	0.002	0.005^{***}
	(10.64)	(5.59)	(12.21)	(9.45)	(2.76)	(9.89)	(7.04)	(0.77)	(6.52)
Top5	-0.001	-0.004	-0.001	-0.005^{***}	-0.003	-0.005^{***}	0.001	-0.01	-0.002
	(-0.78)	(-1.33)	(-1.05)	(-2.96)	(-0.56)	(-2.93)	(0.18)	(-1.47)	(-0.57)
Lqfld	0.000	0.000^{*}	0.000	0.000^{**}	0.000	0.000^{**}	0.000^{*}	-0.000	0.000^{*}
	(0.41)	(1.87)	(1.05)	(2.09)	(0.27)	(2.28)	(1.96)	(-0.09)	(1.70)
Constant	-0.01	-0.011	-0.007	-0.011	0.027	-0.002	-0.032^{**}	-0.039	-0.037^{***}
	(-1.11)	(-0.65)	(-0.94)	(-1.13)	(1.42)	(-0.29)	(-2.25)	(-1.23)	(-2.85)
Ind	Yes	Yes	Yes	Yes	Yes	Yes	Yes	Yes	Yes
Year	Yes	Yes	Yes	Yes	Yes	Yes	Yes	Yes	Yes
N	3 827	994	4 821	2 885	666	3 551	1 286	274	1 560
R^2	0.379	0.416	0.382	0.431	0.428	0.424	0.419	0.498	0.412
调整 R^2	0.364	0.369	0.370	0.414	0.357	0.410	0.382	0.363	0.379

注：括号中数值为T值，***、**、*分别表示在1%、5%、10%的统计水平上显著。

资料来源：作者使用STATA软件估计所得。

表 6-11　　　　　　　　　　基于企业主业增长水平的检验结果

项目	低主业增长水平样本企业（主动）			中主业增长水平样本企业（主动）			高主业增长水平样本企业（被动）		
	紧缩组	宽松组	全样本	紧缩组	宽松组	全样本	紧缩组	宽松组	全样本
Exfin_01	−0.001	−0.003**	−0.001	−0.001	−0.004**	−0.001	−0.000	0.000	−0.000
	(−1.19)	(−2.06)	(−1.45)	(−0.97)	(−2.18)	(−0.77)	(−0.04)	(0.16)	(−0.17)
Mp			0.004			−0.004			−0.006**
			(1.22)			(−1.09)			(−2.03)
Exfin_01×Mp			−0.001			−0.003**			0.000
			(−1.04)			(−2.14)			(0.03)
Lnsize	−0.002***	−0.002**	−0.002***	−0.002***	−0.002**	−0.002***	−0.002***	−0.003**	−0.002***
	(−5.22)	(−2.38)	(−5.43)	(−4.55)	(−1.98)	(−4.72)	(−4.22)	(−2.39)	(−5.16)
Lev	−0.004**	0.002	−0.003	−0.001	0.003	−0.000	0.001	0.012*	0.003
	(−1.98)	(0.41)	(−1.36)	(−0.39)	(0.41)	(−0.15)	(0.42)	(1.92)	(1.34)
Cash	0.003	0.009	0.005	0.001	0.001	0.000	0.005	0.007	0.006*
	(0.88)	(1.09)	(1.49)	(0.04)	(0.11)	(0.03)	(1.17)	(0.71)	(1.71)
Roa	0.016*	0.036***	0.020***	0.024**	0.015	0.022**	0.052***	0.094***	0.059***
	(1.77)	(2.66)	(2.78)	(2.48)	(0.63)	(2.50)	(4.25)	(3.58)	(5.56)
Capint	0.000	0.004	0.000	−0.003	−0.004	−0.003	−0.004	0.002	−0.003
	(0.03)	(0.90)	(0.59)	(−1.11)	(−0.66)	(−1.24)	(−1.53)	(0.30)	(−1.23)
Intint	−0.000	−0.009	−0.000	−0.006	0.031	−0.001	0.022**	0.010	0.021**
	(−0.02)	(−0.69)	(−0.63)	(−0.70)	(1.23)	(−0.17)	(2.12)	(0.39)	(2.30)
Tbq	−0.000	0.001	0.000	0.000	0.002**	0.001**	0.001***	0.001	0.001***
	(−0.37)	(1.57)	(1.31)	(0.89)	(2.13)	(2.40)	(3.85)	(1.24)	(3.97)
Board	0.001**	−0.000	0.000	0.000	0.000	0.000	−0.000	0.000	−0.000
	(2.17)	(−0.82)	(1.49)	(0.45)	(0.98)	(0.72)	(−0.72)	(0.31)	(−0.42)
Indr	0.007	−0.011	0.001	0.008	0.025*	0.011*	0.008	0.034*	0.013*
	(0.96)	(−0.89)	(0.20)	(1.15)	(1.66)	(1.82)	(0.99)	(1.73)	(1.86)
Lnpay3	0.004***	0.004***	0.004***	0.005***	0.005***	0.005***	0.005***	0.004**	0.005***
	(6.52)	(3.03)	(6.90)	(8.26)	(3.38)	(8.92)	(8.52)	(2.54)	(9.28)
Top5	−0.004	−0.006	−0.004**	0.000	−0.005	−0.001	−0.001	−0.005	−0.001
	(−1.56)	(−1.59)	(−2.19)	(0.13)	(−0.93)	(−0.40)	(−0.44)	(−0.89)	(−0.56)
Lqfld	0.000	0.000	0.000*	0.000*	0.000	0.000	0.000	0.000*	0.000
	(1.14)	(1.54)	(1.76)	(1.67)	(0.11)	(1.60)	(1.00)	(1.74)	(1.51)
Constant	−0.003	0.013	−0.001	−0.006	−0.028	−0.011	−0.018*	−0.008	−0.017*
	(−0.24)	(0.68)	(−0.08)	(−0.43)	(−1.15)	(−0.94)	(−1.67)	(−0.30)	(−1.69)
Ind	Yes	Yes	Yes	Yes	Yes	Yes	Yes	Yes	Yes
Year	Yes	Yes	Yes	Yes	Yes	Yes	Yes	Yes	Yes
N	1818	669	2487	2052	435	2487	2030	459	2489
R²	0.355	0.368	0.346	0.394	0.459	0.397	0.437	0.476	0.436
调整R²	0.326	0.298	0.323	0.369	0.361	0.376	0.413	0.379	0.415

注：括号中数值为 T 值，***、**、*分别表示在 1%、5%、10% 的统计水平上显著。

资料来源：作者使用 STATA 软件估计所得。

6.3 本章小结

本章以2008—2017年间中国沪深A股非金融上市公司为样本，在第4章企业金融化适度性与创新研究结论的基础上，通过对货币政策宽松度在企业金融化适度性与创新在融资约束、获利能力与现金流约束三条路径的传导过程中所起作用的影响进行分析，为本章货币政策宽松度调节作用的假设推导奠定了理论基础。在此基础上，从资本成本与调整成本的角度对货币政策宽松度的调节效应进行了论证，并采用双重差分法对理论假设进行了验证。结果发现，与货币政策紧缩年相比，宽松的货币政策环境将加剧金融化适度性对创新的挤出效应。这说明，当企业由于宽松的货币政策而获得额外的资金时，其将会考虑到资本成本与调整成本的存在，对金融项目与创新项目进行不同量的追加投资（前者追投量大而后者追投量小），导致金融化适度性对企业创新的挤出效应更加剧烈。通过替换变量测量方式、PSM-DID检验、考虑行业识别及金融危机的影响等多个角度进行稳健性检验，实证结果依然成立，说明本章的研究结论具有很强的稳健性。此外，本章进一步考虑了货币政策宽松度和企业金融化主动性对二者关系调节效应的交互作用结果，从企业性质、企业生命周期及主业增长水平三个角度进行考察后发现，宽松的货币政策在主动金融化的国有企业中、成熟期企业中以及中主业增长水平的企业中调节效应更强烈，从而反映出货币政策宽松度和金融化主动性在企业金融化适度性与创新二者关系中的交互调节作用。这说明当企业处于宽松的货币政策环境中时，企业的融资水平将相应有所提高，从而有更多资源可用于企业项目投资，此时企业对于项目的追加投资将会相应地增强企业金融化主动性，从而加剧主动金融化企业中金融化适度性对创新的挤出效应。本章的研究结论能够揭示货币政策作用于微观企业的机制与路径，对如何完善企业创新尤其是创新投资的制度环境具有指导意义。

第7章 结论、建议与展望

7.1 研究结论

根据前述研究成果，本章将在梳理已完成的研究工作的基础上，对各部分的研究结论进行汇总和阐述，厘清各部分研究成果间的逻辑关联性，从而根据研究结论为各要素部门提出相关的政策建议。

7.1.1 研究工作

本书从微观甄别、动态调整和宏观调控三个方面对企业金融化与创新二者间的关系进行了系统的理论分析和实证研究。主要工作如下：

（1）本书对企业金融化的含义与测度、企业金融化与创新的关系论点和研究逻辑以及二者关系的宏观与微观影响因素进行了系统的梳理与分析，发现企业金融化适度性与创新关系的研究理论丰富且数据完备，为本书相关研究提供了良好的理论基础和方法借鉴。然而已有研究仍存在金融化适度性的测量与判断依据与方法十分模糊等问题，这是由于忽略金融化与创新关系动态变化的关键因素——适度性的存在——而导致已有相关论点与研究逻辑的不一致与不完备，金融化适度性对创新影响的差异性路径传导以及宏观政策在二者关系中的政策效应发挥仍缺乏系统、深入的研究，从而为本书相关研究的创新性与相关性提供了必要的文献证据。

（2）在此基础上，本书以实现股东价值最大化目标作为企业金融化适度性甄别的逻辑起点，对企业金融化适度性的相关概念进行界定，对企业金融化以及过度金融化的产生动因和影响因素进行梳理，对核心因素集进行筛选并形成了相关因素的逻辑框架，从而构建了金融化适度性甄别模型对本书数据样本进行了甄别，为后续相关研究提供了必要的数据基础。

（3）通过适度金融化与创新和过度金融化与创新的已有论点阐述和理论分析，对企业金融化适度性与创新二者间的关系进行了理论分析与实证检验；并对二者间的传导路径进行了剖析，为宏观政策调节效应的相关研究奠定了理论基础；进一步考虑了企业金融化主动性所导致的二者关系的微观调节机制，为后续宏观调控与微观调节的有机互动研究提供了有力的支撑。

（4）通过融资约束、获利能力和现金流约束三条传导路径中政府补助可能产生的调节效应进行了分析，明晰了政府补助在金融化适度性与创新二者关系中的作用发挥；然后从款项不可自由支配与款项可自由支配两种情形下对政府补助在二者关系中的调节机制进行了分析与验证，探析了三者间的基础关系；进一步地，根据已有研究结论引入企业金融化主动性的诸因素，深入地讨论了宏观政府激励政策与微观企业金融化主动性间的宏微观有机互动研究。

（5）运用相关宏观数据对样本数据期间各年度的货币政策宽松度进行了判断；通过对融资约束、获利能力和现金流约束三条传导路径中货币政策宽松度可能产生的政策效应进行分析，明确了其政策效应存在的合理性；然后从资本成本与调整成本的角度对货币政策宽松度的调节机制进行分析与论证，并采用双重差分法验证了货币政策的基础效应；最后同样地引入企业金融化主动性，探讨了宏观货币政策与微观企业金融化主动性间的宏微观有机互动研究。

至此，本书根据"微观甄别——动态调整——宏观调控"的研究逻辑，实现了宏观与微观相结合、理论与方法相结合的研究体系，得出了预期的研究成果。

7.1.2 研究结论

本书以 2007—2017 年间中国沪深 A 股非金融上市公司为样本，对适度性甄别视角下企业金融化与创新之间的关系进行了实证研究，并进一步探究了企业金融化适度性对创新影响的传导路径、微观调节与宏观调控机制。研究结论如下：

第一，基于金融可持续发展理论，将金融化适度性定义为当期及未来股东价值实现与企业金融化行为相互之间的协调程度。以股东价值最大化作为逻辑起点，考虑企业固有特征、经营状况和财务状况等微观因素构建了金融化适度性甄别模型，并对其有效性进行实证检验发现，我国存在过度金融化的倾向，且日益严重、亟待解决。过度金融化会抑制企业在固定资产与无形资产方面的投资，同时会降低企业的主业盈利水平、提高金融渠道获利，而适度金融化则能够提高企业固定资产投资。

第二，企业金融化与创新之间的关系并非是单纯的挤出效应，而在于其适度性。其具体表现为企业适度金融化有助于创新，而过度金融化则会挤出创新。不同适度性情形下金融化适度性与创新的传导路径有所不同，融资约束、金融渠道获利和现金流约束均能够在过度金融化与创新的关系中起中介作用，而仅有现金流约束在适度金融化与创新的关系中起中介作用。进一步基于金融化主动性分组检验发现，相对于主动金融化企业而言，政治资源相对匮乏的非国有企业、成长迅速、资金相对短缺的成长期企业以及主业增长水平较高、对资源需求较大的被动金融化企业中其创新水平受到金融化适度性的影响更为敏感。

第三，企业获得政府补助将有利于缓解过度金融化对企业创新的挤出效应，但不会显著影响适度金融化对企业创新的助推效应。这说明，在过度金融化的企业中，当企业获得不可支配的政府补助款项时将直接且单一地增加企业的创新投入，而当企业获得可支配的政府补助款项时，出于政治迎合的目的企业将优先选择对经济增长拉动明显的固定资产投资，而相对削减企业的对外投资包括金融资产投资，从而缓解过度金融化对企业创新的挤出效应；在适度金融化的企业中，由于其创新资源较充足稳定，不会受到政府补助太大的影响。进一步考虑了政府补助和企业金融化主动性在二者关系中的交互调节作用后发现，与适度金融化企业相比，在过度金融化企业中金融化适度性与创新二者间的关系确实会显著受到政府补助与企业性质、企业生命周期及主业增长水平的交互调节影响，从而反映出政府补助和金融化主动性在企业金融化适度性与创新二者关系中的交互调节作用。

第四，与货币政策紧缩年相比，宽松的货币政策将加剧金融化适度性对创新的挤出效应，而不会显著影响二者间的助推效应。这说明，当企业由于宽松的货币政策而获得额外的资金时，其将会在利润最大化动机及管理者短视驱使下对金融项目与创新项目进行不同量和不同序的追加投资，导致金融化适度性对于创新的挤出效应更加剧烈，但不会影响二者间的助推效应。进一步考虑了货币政策宽松度和企业金融化主动性在二者关系中的交互调节作用后发现，宽松的货币政策在国有企业、成熟期企业以及低主业增长水平企业中调节效应更强烈，从而反映出货币政策宽松度和金融化主动性在企业金融化适度性与创新二者关系中的交互调节作用。

7.2　政策建议

习近平总书记曾强调，金融是实体经济的血脉，为实体经济服务是金融的天职，是金融的宗旨，也是防范金融风险的根本举措。在增强金融支持政策、促进产融结合的发展背景下，为更加合理地利用金融市场有效配置金融资本来促进微观企业与宏观经济的可持续发展，本节综合前面章节理论分析与实证研究结论，提出以下政策建议：

（1）企业应根据自身情况和宏观经济政策，适度配置金融资产提高创新

①从企业金融化行为的动因来看，企业多是由于资本套利的驱使不

断加深自身的金融化程度（胡奕明等，2017；王红建等，2017；戴赜等，2018），导致我国过度金融化问题日益突出、亟待解决。在这样的情况下，企业应及时认识到适度金融化为企业带来的益处以及过度金融化给企业发展带来的弊端，理性看待并科学配置企业的金融资产。为此，企业在进行金融资产配置时应切实关注自身的个体特征、经营能力以及财务状况等诸多因素，综合判断自身的资源禀赋和风险承受能力，并时刻警觉由于宏微观融资环境改变所导致的适度性动态变化，通过相机调整金融化适度性实现股东价值最大化。

②企业应结合金融化适度性理性看待金融化与创新之间的关系，当企业过度金融化时，要通过遏制金融项目过度投资来降低金融化对创新的挤出效应，防止因为管理者追求短期盈利的短视行为而导致企业可持续发展受阻；当企业适度金融化时，应在适度性的范围内合理提高金融资产配置以最大化其对创新的助推效应，从而促进企业健康平稳发展。同时，应正确认识融资约束、金融渠道获利和现金流约束在金融化适度性与创新间的传导作用，谨防企业由于过度金融化占据企业大量资源，进而加剧融资约束，从而威胁到创新活动；适当通过金融渠道获利缓解企业财务困境，谨防企业在不断套利、过度金融化的同时陷入金融获利投资金融的恶性循环，从而削弱进行创新的动力；同时应保证内部现金流量来保障适度金融化对创新的助推效应。

③企业处于宏观经济环境之中，将受到国家宏观政策的影响。一方面，企业应重视财政激励政策的支持效应，积极主动地争取政府补助，并有效利用财政补贴支持企业创新，缓解过度金融化对创新的挤出效应。另一方面，应密切关注货币政策调整可能给企业创新带来的不利影响，避免由于货币政策宽松而进一步加剧过度金融化挤出创新的可能性。此外，也不应忽视宏观政策与金融化主动性的交互调节作用，而应结合自身的企业性质、所处的生命周期阶段以及主业增长水平充分捕获宏观政策对企业发展有利的一面，顺应并有效利用宏观政策帮助自身谋求长期健康发展。

（2）投资者应研判金融化适度性信息含量，预测企业创新前景理性投资

①投资者可以根据企业具体金融化情况对企业中金融化与创新的关

系进行判断，从而通过企业金融资产与创新投入的配置情况对企业的未来发展前景进行预测，做出合理的投资决策。

②投资者可以根据企业性质、企业生命周期以及主业增长水平等因素考虑金融化可能给企业发展带来的影响。若企业为国有企业、正处于稳步运营的成熟期或经营状况开始走低的衰退期或者是主业增长水平较低时，此时的企业金融化行为更多为主动进行，创新受到过度金融化的挤出效应和适度金融化的助推效应的敏感度较低，此时投资者对于企业金融化适度性水平的要求可适当降低；而当企业为非国有企业、正处于快速发展的成长期或者是主业增长水平较高时，创新受到过度金融化的挤出效应和适度金融化的助推效应将更加敏感，适度金融化企业中的创新将得到更加有力的助推，发展前景将更趋于向好，而过度金融化企业中创新将更易被挤出，从而可能导致其向不利的方向发展。此时投资者应更加关注企业金融化适度性指标的信息含量，理性预期并科学决策。

（3）政府应通过差异化的宏观经济政策，引导企业适度金融化健康发展

在追逐金融投资超额回报的强烈动机下，管理者短视将导致企业很难为了未来的发展而自发地放弃眼前利益，去追逐最优金融化水平，此时政府部门应通过优化宏观经济政策引导企业适度金融化，实现经济可持续发展。

①政府应充分利用金融化适度性影响创新的传导路径与影响机制。具体来说，一是政府应制定企业融资的相关政策来缓解企业融资约束，同时应制定行业准入的相关细则来调整实体企业跨行业经营所获得的超额利润，进而遏制过度金融化对创新的挤出效应；二是政府应引导企业保持一定的内部现金流来保障适度金融化对创新的助推效应。

②为了优化财政激励政策，政府在确定政府补助对象及金额时应考虑到政府补助在不同金融化适度性与创新关系中所发挥的调节作用的异质性，合理分配政府资源。在适度金融化企业中，由于其创新资源较为充裕，且金融化助推创新的效应受政府补助的影响相对较小，此时可以考虑适当降低补助；而在过度金融化企业中，其创新资源相对短缺，且政府补助能够有效缓解过度金融化对创新的挤出效应，此时政府部门可

以考虑适当提高政府补助额度，以扩大财政激励政策对企业行为的影响，引导企业适度金融化、发展创新。

③为了优化企业的货币政策环境，政府应针对不同企业性质、处于不同生命周期以及不同主业增长水平的企业相应制定差异化的信贷政策。例如，2019 年 2 月，中共中央办公厅、国务院办公厅印发《关于加强金融服务民营企业的若干意见》，意味着政府部门已经考虑到各类所有制企业在融资方面的差异性，并制定政策切实改善民营企业的融资难融资贵问题。然而政府部门仍需进一步解决不同企业生命周期和主业增长水平给企业行为和企业环境所带来的差异性问题，以引导企业适度金融化、实现经济可持续发展。

7.3　研究局限与展望

本书以 2007—2017 年间中国沪深 A 股非金融上市公司为样本，在对金融化适度性进行了概念界定与阐释并构建金融化适度性甄别模型对样本数据进行甄别的基础上，对不同适度性情形下企业金融化与创新关系的动态变化及其传导路径进行了分析，并对宏观经济政策与微观企业行为的有机互动进行了探索。总的来说，本书对企业金融化适度性与创新二者之间的关系进行了系统且深入的研究，不仅涉及传导路径、微观调节因素、宏观政策调整，还涉及了宏观政策与微观企业行为的有机互动研究，但在技术水平、研究数据和研究内容等方面仍存在一些不足。

首先，为了构建金融化适度性甄别模型，本书对金融化适度性进行了含义解析、动因分析、因素集筛选等工作，并借鉴前人已有的相关研究成果，构建了金融化适度性甄别模型，并以 2007—2017 年间中国沪深 A 股非金融上市公司为样本，对各公司的金融化适度性进行了甄别。为了验证甄别结果的可靠性，本书分别从企业投资方向和业绩水平两个方面对甄别结果进行了验证，认为本书的金融化适度性甄别结果较为可靠，可以以此为基础进行后续研究。然而不可避免的是，在构建金融化适度性甄别模型时，本书仅选取了稳定而可靠的影响企业金融化的关键因素集进行拟合，而无法将所有可能影响企业金融化行为的因素均纳入其中，这可能导致本书的甄别结果存在小范围的偏差。因此，在未来时间和技术允许的情况下，可以进一步扩展甄别模型中的影响因素范围来优化该模型，或采取更新的研究方法来规避该问题，但这一问题想得到彻底解决需要持续的关注与思考、先进的技术支撑以及更多学者的不断验证与完善。

其次，在研究金融化适度性与创新的关系时，本书选取了 2008—2017 年间沪深 A 股非金融上市公司作为原始样本，其中创新数据来自 CS-MAR 数据库，并在样本筛选过程中剔除了没有研发投入或未披露研发投入的样本，这可能导致本书的研究数据存在一定的局限性。尽管在数据收集过程中对 CSMAR 数据库中含有不同创新数据的子数据库进行了对比和补充，但仍然无法消除有部分样本企业创新数据缺失的问题，这可能影响到本书研究结论的稳健性。因此，在未来条件允许的情况下，可以通过手工搜索来补充缺失的创新数据，以进一步增强本书研究结论的稳健性。

最后，在对金融化适度性与创新动态关系研究的基础上，本书进一步纳入我国的宏观经济政策，探究不同适度性情形下政府补助和货币政策宽松度对企业金融化与创新关系的影响机理，明晰宏观经济政策对企业金融化与创新关系的影响，并进一步考察了政府补助或货币政策宽松度与微观金融化主动性因素的交互调节影响。然而遗憾的是，本书在考察宏微观互动机制的同时并未将政府补助与货币政策宽松度两个宏观政策变量间的互动效应纳入本书的研究范畴。在以后技术支持和理论功底允许的情况下，可以进一步深入研究多个宏观变量与微观变量交互调节企业金融化适度性与创新二者关系的研究，以丰富和深化现有的研究成果。

总之，我国的创新水平与发达国家相比差距仍然较大，金融发展也仍存在诸多问题亟待解决。今后在相关领域的研究中，仍存在诸多问题值得研究：在创新型企业、创业企业以及跨国企业等类型具有自身特征的企业中，金融化与创新的关系是否会发生变化？除了政府补助和货币政策宽松度外，税收优惠等其他宏观经济政策是否会对二者关系产生影响？市场化水平、金融发展水平以及企业文化等其他环境因素是否会对二者关系产生影响？金融化适度性是否还会对企业全要素生产率、内部控制以及审计质量等因素产生影响？可见本书的相关研究仅起到抛砖引玉的作用，关于金融化与创新主题的研究仍任重道远。

主要参考文献

[1] 黄贤环，王瑶，王少华.谁更过度金融化：业绩上升企业还是业绩下滑企业？[J].上海财经大学学报，2019，21（1）：80-94.

[2] 戴赜，彭俞超，马思超.从微观视角理解经济"脱实向虚"——企业金融化相关研究述评[J].外国经济与管理，2018，40（11）：31-43.

[3] 黄贤环，吴秋生，王瑶.金融资产配置与企业财务风险："未雨绸缪"还是"舍本逐末"[J].财经研究，2018，44（12）：100-112.

[4] 彭俞超，黄志刚.经济"脱实向虚"的成因与治理：理解十九大金融体制改革[J].世界经济，2018，41（9）：3-25.

[5] 彭俞超，韩珣，李建军.经济政策不确定性与企业金融化[J].中国工业经济，2018（1）：137-155.

[6] 吴军，陈丽萍.非金融企业金融化程度与杠杆率变动的关系——来自A股上市公司和发债非上市公司的证据[J].金融论坛，2018，23（1）：3-15.

[7] 王一鸣.改革开放以来我国宏观经济政策的演进与创新[J].管理世界，2018，34（3）：1-10.

[8] 许罡，伍文中.经济政策不确定性会抑制实体企业金融化投资吗？[J].当代财经，2018（9）：114-123.

[9] 闫海洲，陈百助.产业上市公司的金融资产：市场效应与持有动机[J].经济研究，2018，53（7）：152-166.

[10]　杨兴全，尹兴强.国企混改如何影响公司现金持有？[J]．管理世界，2018，34（11）：93-107.

[11]　张成思，刘贯春.中国实业部门投融资决策机制研究——基于经济政策不确定性和融资约束异质性视角[J]．经济研究，2018，53（12）：51-67.

[12]　中国人民大学中国宏观经济分析与预测课题组，刘元春，刘晓光，等.新常态迈向新阶段的中国宏观经济——2017—2018年中国宏观经济分析与预测[J]．经济理论与经济管理，2018（2）：20-38.

[13]　朱荣华，左晓慧.金融开放是平抑还是加剧中国经济波动——货币政策视角[J]．经济问题，2018（12）：35-42.

[14]　朱永明，赵程程，赵健，等.政府补助对企业自主创新的影响研究——基于企业生命周期视角[J]．工业技术经济，2018，37（11）：27-34.

[15]　张金涛，乐菲菲.政治关联激励悖论之惑——基于政府补助遮掩效应的新认识[J]．现代经济探讨，2018（2）：10-17.

[16]　郭玥.政府创新补助的信号传递机制与企业创新[J]．中国工业经济，2018（9）：98-116.

[17]　林博，吴卫星.货币政策调整会影响家庭金融资产选择吗？[J]．河北经贸大学学报，2018，39（6）：45-56.

[18]　杜勇，张欢，陈建英.金融化对实体企业未来主业发展的影响：促进还是抑制[J]．中国工业经济，2017（12）：113-131.

[19]　邓超，张梅，唐莹.中国非金融企业金融化的影响因素分析[J]．财经理论与实践，2017，38（2）：2-8.

[20]　胡奕明，王雪婷，张瑾.金融资产配置动机："蓄水池"或"替代"？——来自中国上市公司的证据[J]．经济研究，2017，52（1）：181-194.

[21]　郭丽婷.制造业金融化对创新投资的影响："挤出效应"or"蓄水池效应"？[J]．现代经济探讨，2017（12）：49-59.

[22]　梁彤缨，桂林玲，刘璇冰.不同融资约束背景下政府研发补助效应研究[J]．科技进步与对策，2017，34（7）：26-33.

[23]　刘贯春.金融资产配置与企业研发创新："挤出"还是"挤入"[J]．统计研究，2017，34（7）：49-61.

[24]　谢乔昕.货币政策冲击对企业R&D投入的影响研究[J]．科学学研究，2017，35（1）：93-100.

[25]　王红建，曹瑜强，杨庆，等.实体企业金融化促进还是抑制了企业创新——基于中国制造业上市公司的经验研究[J]．南开管理评论，2017，20（1）：155-166.

[26]　钟凯，程小可，肖翔，等.宏观经济政策影响企业创新投资吗——基于融资

约束与融资来源视角的分析 [J]. 南开管理评论，2017，20（6）：4-14.

[27] 晋盛武，何珊珊.企业金融化、高管股权激励与研发投资 [J]. 科技进步与对策，2017，34（22）：78-84.

[28] 许罡，朱卫东.金融化方式、市场竞争与研发投资挤占——来自非金融上市公司的经验证据 [J]. 科学学研究，2017，35（5）：709-719.

[29] 陈艳利，姜艳峰.国有资本经营预算制度、过度负债与企业价值创造 [J]. 财经问题研究，2017（2）：43-51.

[30] 郝盼盼，张信东.融资约束下CEO过度自信是否会导致企业 R&D 投资扭曲 [J]. 科技进步与对策，2017，34（2）：147-152.

[31] 刘锡良.过度金融化问题 [J]. 财经科学，2017（5）：22-24.

[32] 崔超.上市公司金融化的财务影响研究 [D]. 北京：北京科技大学，2016.

[33] 陈享光，郭祎.中国金融化发展对实体经济的影响 [J]. 学习与探索，2016（12）：94-103.

[34] 鲁春义，丁晓钦.经济金融化行为的政治经济学分析——一个演化博弈框架 [J]. 财经研究，2016，42（7）：52-62.

[35] 张成思，张步昙.中国实业投资率下降之谜：经济金融化视角 [J]. 经济研究，2016，51（12）：32-46.

[36] 王红建，李茫茫，汤泰劼.实体企业跨行业套利的驱动因素及其对创新的影响 [J]. 中国工业经济，2016（11）：73-89.

[37] 张维迎.企业家必须从套利逐步转向创新 [J]. 资源再生，2016（12）：63-65.

[38] 曹剑飞，齐兰.经济金融化对我国产业转型升级的影响及其对策 [J]. 学术论坛，2016，39（1）：66-69.

[39] 邹洋，徐长媛，郭玲，等.高校中政府研发补贴对企业研发投入的影响分析 [J]. 经济问题，2016（4）：55-62.

[40] 姜付秀，石贝贝，马云飙.信息发布者的财务经历与企业融资约束 [J]. 经济研究，2016，51（6）：83-97.

[41] 张学慧，长青，张宇佳.政府补助与租税奖励对企业经营绩效的影响——基于大陆与台湾地区 LED 产业的比较 [J]. 财经问题研究，2016（8）：123-128.

[42] 张彩江，陈璐.政府对企业创新的补助是越多越好吗？[J]. 科学学与科学技术管理，2016，37（11）：11-19.

[43] 熊和平，杨伊君，周靓.政府补助对不同生命周期企业 R&D 的影响 [J]. 科学学与科学技术管理，2016，37（9）：3-15.

[44] 黄兴李，邓路，曲悠.货币政策、商业信用与公司投资行为 [J]. 会计研

究，2016（2）：58-65.

[45] 唐为，王媛.行政区划调整与人口城市化：来自撤县设区的经验证据［J］.
经济研究，2015，50（9）：72-85.

[46] 代冰彬，岳衡.货币政策、流动性不足与个股暴跌风险［J］.金融研究，
2015（7）：135-151.

[47] 韩东平，张鹏.货币政策、融资约束与投资效率——来自中国民营上市公司
的经验证据［J］.南开管理评论，2015，18（4）：121-129.

[48] 徐光伟，孙铮.货币政策信号、实际干预与企业投资行为［J］.财经研究，
2015，41（7）：54-67.

[49] 郑春美，李佩.政府补助与税收优惠对企业创新绩效的影响——基于创业板高
新技术企业的实证研究［J］.科技进步与对策，2015，32（16）：83-87.

[50] 胡艳，马连福.创业板高管激励契约组合、融资约束与创新投入［J］. 山
西财经大学学报，2015，37（8）：78-90.

[51] 陆正飞，何捷，窦欢.谁更过度负债：国有还是非国有企业？［J］.经济研
究，2015，50（12）：54-67.

[52] 韩东平，张鹏.货币政策、融资约束与投资效率——来自中国民营上市公司
的经验证据［J］.南开管理评论，2015（4）：121-129.

[53] 宋军，陆旸.非货币金融资产和经营收益率的U形关系——来自我国上市非
金融公司的金融化证据［J］.金融研究，2015（6）：111-127.

[54] 季伟伟，陈志斌，赵燕.货币政策与企业财务风险变化［J］.上海经济研
究，2014（5）：27-37.

[55] 向松祚.金融资本主义和贫富分化［J］.博鳌观察，2014（4）：46-48.

[56] 谢家智，王文涛，江源.制造业金融化、政府控制与技术创新［J］.经济学
动态，2014a（11）：78-88.

[57] 谢家智，江源，王文涛.什么驱动了制造业金融化投资行为——基于A股上
市公司的经验证据［J］.湖南大学学报：社会科学版，2014b，28（4）：
23-29.

[58] 蔡明荣，任世驰.企业金融化：一项研究综述［J］.财经科学，2014（7）：
41-51.

[59] 张慕濒，孙亚琼.金融资源配置效率与经济金融化的成因——基于中国上市
公司的经验分析［J］.经济学家，2014（4）：81-90.

[60] 王义中，宋敏.宏观经济不确定性、资金需求与公司投资［J］.经济研究，
2014，49（2）：4-17.

[61] 许罡，朱卫东，孙慧倩.政府补助的政策效应研究——基于上市公司投资视
角的检验［J］.经济学动态，2014（6）：87-95.

[62] 赵婧.拟IPO传媒公司业绩严重依赖政策扶持 [N]. 经济参考报, 2014-06-13.

[63] 傅利平, 李小静.政府补贴在企业创新过程的信号传递效应分析——基于战略性新兴产业上市公司面板数据 [J]. 系统工程, 2014, 32 (11): 50-58.

[64] 田存志, 付辉, 刘可.紧缩性货币政策的投资异质效应 [J]. 经济学动态, 2014 (7): 23-31.

[65] 于晓娟.大唐电信靠2.41亿元政府补助掩饰主业亏损 [N]. 证券市场周刊, 2013-04-08.

[66] 李汇东, 唐跃军, 左晶晶.用自己的钱还是用别人的钱创新?——基于中国上市公司融资结构与公司创新的研究 [J]. 金融研究, 2013 (2): 170-183.

[67] 黄志忠, 谢军.宏观货币政策、区域金融发展和企业融资约束——货币政策传导机制的微观证据 [J]. 会计研究, 2013 (1): 63-69.

[68] 饶品贵, 姜国华.货币政策、信贷资源配置与企业业绩 [J]. 管理世界, 2013 (3): 12-22, 47.

[69] 郑军, 林钟高, 彭琳.高质量的内部控制彰增加商业信用融资吗?——基于货币政策变更视角的检验 [J]. 会计研究, 2013 (6): 62-68.

[70] 李青原, 王红建.货币政策、资产可抵押性、现金流与公司投资——来自中国制造业上市公司的经验证据 [J]. 金融研究, 2013 (6): 31-45.

[71] 刘飞.货币政策如何影响中国的信贷资源再分配——基于双重差分模型的实证检验 [J]. 财经论丛, 2013 (2): 50-56.

[72] 卢馨, 郑阳飞, 李建明.融资约束对企业R&D投资的影响研究——来自中国高新技术上市公司的经验证据 [J]. 会计研究, 2013 (5): 51-58.

[73] 鞠晓生, 卢荻, 虞义华.融资约束、营运资本管理与企业创新可持续性 [J]. 经济研究, 2013, 48 (1): 4-16.

[74] 康志勇.融资约束、政府支持与中国本土企业研发投入 [J]. 南开管理评论, 2013, 16 (5): 61-70.

[75] 张慕濒, 诸葛恒中.全球化背景下中国经济的金融化: 含义与实证检验 [J]. 世界经济与政治论坛, 2013 (1): 122-138.

[76] 江春, 李巍.中国非金融企业持有金融资产的决定因素和含义: 一个实证调查 [J]. 经济管理, 2013, 35 (7): 13-23.

[77] 张瑾.非金融业上市企业持有金融资产规模影响因素探究 [D]. 上海: 上海交通大学, 2013.

[78] 徐经长, 曾雪云.金融资产规模、公允价值会计与管理层过度自信 [J]. 经济理论与经济管理, 2012 (7): 5-16.

[79] 李援亚.粮食金融化: 界定、背景及特征 [J]. 金融理论与实践, 2012 (10):

42-45.

[80]　靳庆鲁，孔祥，侯青川.货币政策、民营企业投资效率与公司期权价值 [J].
经济研究，2012，47（5）：96-106.

[81]　王国刚.中国货币政策目标的实现机理分析：2001—2010 [J]. 经济研究，
2012，47（12）：4-14.

[82]　蔡万焕.危机后资本主义金融化模式是否结束 [J]. 当代经济研究，2011
（8）：72-77.

[83]　徐丹丹，王芮.产业资本金融化理论的国外研究述评 [J]. 国外理论动态，
2011（4）：37-41.

[84]　李志军，王善平.货币政策、信息披露质量与公司债务融资 [J]. 会计研
究，2011（10）：56-62.

[85]　陆正飞，杨德明.商业信用：替代性融资，还是买方市场？ [J]. 管理世界，
2011（4）：6-14.

[86]　赵建，章月明.转轨经济中的货币扩张与经济增长 [J]. 金融研究，2010（1）：
77-94.

[87]　余明桂，回雅甫，潘红波.政治联系、寻租与地方政府财政补贴有效性 [J].
经济研究，2010，45（3）：65-77.

[88]　祝继高，陆正飞.货币政策、企业成长与现金持有水平变化 [J]. 管理世
界，2009（3）：152-158.

[89]　梅丹.政府干预、预算软约束与过度投资——基于我国国有上市公司2004—2006年
的证据 [J]. 软科学，2009，23（11）：114-117.

[90]　徐晓东，张天西.公司治理、自由现金流与非效率投资 [J]. 财经研究，
2009，35（10）：47-58.

[91]　蔡吉甫.上市公司过度投资与负债控制效应研究 [J]. 软科学，2009，23（4）：
36-42.

[92]　王彦超.融资约束、现金持有与过度投资 [J]. 金融研究，2009（7）：
121-133.

[93]　叶康涛，祝继高.银根紧缩与信贷资源配置 [J]. 管理世界，2009（1）：
22-28.

[94]　潘越，戴亦一，李财喜.政治关联与财务困境公司的政府补助——来自中国
ST公司的经验证据 [J]. 南开管理评论，2009，12（5）：6-17.

[95]　解维敏，唐清泉，陆姗姗.政府R&D资助，企业R&D支出与自主创新——来
自中国上市公司的经验证据 [J]. 金融研究，2009（6）：86-99.

[96]　盛松成，吴培新.中国货币政策的二元传导机制——"两中介目标，两调控
对象"模式研究 [J]. 经济研究，2008，43（10）：37-51.

[97]　张栋.控股股东控制、负债融资与企业投资 [J].证券市场导报，2008（5）：69-77.

[98]　杨华军，胡奕明.制度环境与自由现金流的过度投资 [J].管理世界，2007（9）：99-106.

[99]　辛宇，徐莉萍.投资者保护视角下治理环境与股改对价之间的关系研究 [J].经济研究，2007（9）：121-133.

[100]　陈信元，黄俊.政府管制与企业垂直整合——刘永行"炼铝"的案例分析 [J].管理世界，2006（2）：134-138.

[101]　胡奕明，谢诗蕾.银行监督效应与贷款定价——来自上市公司的一项经验研究 [J].管理世界，2005（5）：27-36.

[102]　侯晓红，张艳华.论我国企业财务管理目标的理性选择 [J].当代财经，2005（9）：127-129.

[103]　刘骏民.虚拟经济的理论框架及其命题 [J].南开学报，2003（2）：34-40.

[104]　王璐.从马克思的虚拟资本到虚拟经济——兼论虚拟经济的起源与本质 [J].南京社会科学，2003（9）：6-12.

[105]　白钦先.再论以金融资源论为基础的金融可持续发展理论——范式转换、理论创新和方法变革 [J].国际金融研究，2000（2）：7-14.

[106]　李晓西，杨琳.虚拟经济、泡沫经济与实体经济 [J].财贸经济，2000（6）：5-11.

[107]　成思危.虚拟经济与金融危机 [J].管理科学学报，1999（1）：4-9.

[108]　胡振良.跨国集团在经济金融化中的作用 [J].国外理论动态，1999（8）：13-16.

[109]　王广谦.经济发展中的金融化趋势 [J].经济研究，1996（9）：32-37.

[110]　DAVIS L E. Financialization and the non-financial corporation：An investigation of firm-level investment behavior in the United States [J]. Metroeconomica，2018，69（1）：270-307.

[111]　SEN S，DASGUPTA Z. Financialisation and corporate investments：The Indian case [J]. Review of Keynesian Economics，2018，6（1）：96-113.

[112]　KARWOWSKI E，STOCKHAMMER E. Financialisation in emerging economies：A systematic overview and comparison with Anglo-Saxon economies [J]. Economic and Political Studies，2017，5（1）：60-86.

[113]　DAVIS L E. Financialization and investment：A survey of the empirical literature [J]. Journal of Economic Surveys，2017，31（5）：1332-

1358.

[114] TORI D, ONARAN O. The effects of financialisation and financial devel-
opment on investment: Evidence from firm-level data in europe [R].
Working Paper No.16089, 2017.

[115] FIEBIGER B. Rethinking the financialisation of non-financial corpora-
tions: A reappraisal of US empirical data [J]. Review of Political Econ-
omy, 2016, 28 (3): 354-379.

[116] GUO D, GUO Y, JIANG K. Government-subsidized R&D and firm in-
novation: Evidence from China [J]. Research Policy, 2016, 45 (6):
1129-1144.

[117] DAVIS L E. Identifying the "financialization" of the nonfinancial corpora-
tion in the U.S. economy: A decomposition of firm-level balance sheets
[J]. Journal of Post Keynesian Economics, 2016, 39 (1): 115-141.

[118] SEO H J, KIM H S, KIM J. Does shareholder value orientation or finan-
cial market liberalization slow down korean real investment? [J]. Re-
view of Radical Political Economics, 2016, 48 (4): 633-660.

[119] MASON J W. Disgorge the cash: The disconnect between corporate
borrowing and investment [J]. 2015.

[120] KLIMAN A, WILLIAMS S D. Why "financialisation" hasn't de-
pressed US productive investment [J]. Cambridge Journal of Econom-
ics, 2015, 39 (1): 67-92.

[121] DA LUZ A R, BITENCOURT J T, TAIOKA T. Wealth financialization:
Operating profit as conditioning of financial revenue [J]. Journal of Fi-
nancial Innovation, 2015, 1 (1): 53-72.

[122] DE SOUZA J, EPSTEIN G. Sectoral net lending in six financial centers [J].
Political Economy Research Institute Working Paper Series # 346. 2014.

[123] AKKEMIK K A, OZEN S. Macroeconomic and institutional determinants
of financialisation of non-financial firms: Case study of turkey [J].
Socio-Economic Review, 2014, 12 (1): 71-98.

[124] FINE B. Financialization from a marxist perspective [J]. International
Journal of Political Economy, 2013, 42 (4): 47-66.

[125] ARIZALA F, CAVALLO E, GALINDO A. Financial development and
TFP growth: Cross-country and industry-level evidence [J]. Applied
Financial Economics, 2013, 23 (4-6): 433-448.

[126] GEHRINGER A. Growth, productivity and capital accumulation: The ef-

fects of financial liberalization in the case of european integration [J]. International Review of Economics & Finance, 2013, 25 (1): 291-309.

[127] LAPAVITSAS C, Powell J. Financialisation varied: A comparative analysis of advanced economies [J]. Cambridge Journal of Regions, Economy and Society, 2013, 6 (3): 359-379.

[128] BORISOVA G, BROWN J R. R&D sensitivity to asset sale proceeds: New evidence on financing constraints and intangible investment [J]. Journal of Banking and Finance, 2013, 37 (1): 159-173.

[129] BAUD C, DURAND C. Financialization, globalization and the making of profits by leading retailers [J]. Socio-Economic Review. 2012, 10 (2): 241-266.

[130] ROCHON L P. Financialization and the theory of the monetary circuit: Fiscal and monetary policies reconsidered [J]. Journal of Post Keynesian Economics, 2012, 35 (2): 167-169.

[131] STOUT L A. The shareholder value myth: How putting shareholders first harms investors, corporations, and the public [M]. San Francisco: Berett-Koehler Publishers, Inc. 2012.

[132] SEO H J, KIM H S, KIM Y C. Financialization and the slowdown in Korean firms' R&D investment [J]. Asian Economic Papers, 2012, 11 (3): 35-49.

[133] CONLEY T G, HANSEN C B, Rossi P E. Plausibly exogenous [J]. Review of Economics and Statistics, 2012, 94 (1): 260-272.

[134] NEVO A, ROSEN A M. Identification with imperfect instruments [J]. Review of Economics and Statistics, 2012, 94 (3): 659-671.

[135] EBERLY J, REBELO S, VINCENT N. What explains the lagged-investment effect? [J]. Journal of Monetary Economics, 2012, 59 (4): 370-380.

[136] GALA V, GOMES J. Beyond q: Estimating investment without asset prices [J]. Working Paper to be Presented at Frontiers of Finance, 2012.

[137] ONARAN O, STOCKHAMMER E, GRAFL L. Financialisation, income distribution and aggregate demand in the USA [J]. Cambridge Journal of Economics, 2011, 35 (4): 637-661.

[138] BROWN J R, PETERSEN B C. Cash holdings and R&D smoothing [J]. Journal of Corporate Finance, 2011, 17 (3): 694-709.

[139] V. Cash flow patterns as a proxy for firm life cycle [J]. The Accounting Review, 2011, 86 (6): 1969-1994.

[140] TAKALO T, TANAYAMA T. Adverse selection and financing of innovation: Is there a need for R&D subsidies? [J]. Journal of Technology Transfer, 2010, 35 (1): 16-41.

[141] HAYNES K T, HILLMAN A. The effect of board capital and CEO power on strategic change [J]. Strategic Management Journal, 2010, 31 (11): 1145-1163.

[142] HARMAN C. Zombie capitalism: Global crisis and the relevance of marx [M]. Chicago: Haymarket Books, 2010.

[143] LAZONICK W. Innovative business models and varieties of capitalism: Financialization of the U.S. corporation [J]. Business History Review, 2010, 84 (4): 675-702.

[144] RAN D. Cash holdings and corporate diversification [J]. Journal of Finance, 2010, 65 (3): 955-992.

[145] ANG J B. Financial reforms, patent protection, and knowledge accumulation in India [J]. World Development, 2010, 38 (8): 1070-1081.

[146] BROWN J R, FAZZARI S M, PETERSEN B C. Financing innovation and growth: Cash flow, external equity, and the 1990s R&D boom [J]. Journal of Finance, 2009, 64 (1): 151-185.

[147] KOTZ D M. The financial and economic crisis of 2008: A systemic crisis of neoliberal capitalism [J]. Review of Radical Political Economics, 2009, 41 (3): 305-317.

[148] DEMIR F. Financial liberalization, private investment and portfolio choice: Financialization of real sectors in emerging markets [J]. Journal of Development Economics, 2009a, 88 (2): 314-324.

[149] DEMIR F. Capital market imperfections and financialization of real sectors in emerging markets: Private investment and cash flow relationship revisited [J]. World Development, 2009b, 37 (5): 953-964.

[150] QIAN N. Missing women and the price of tea in China: The effect of sex-specific earnings on sex imbalance [J]. The Quarterly Journal of Economics, 2008, 123 (3): 1251-1285.

[151] SKOTT P, RYOO S. Macroeconomic implications of financialisation [J]. Cambridge Journal of Economics, 2008, 32 (6): 827-862.

[152] BONFIGLIOLI A. Financial integration, productivity and capital accumu-

lation [J]. Journal of International Economics, 2008, 76 (2): 337-355.

[153] VAN TREECK T. Reconsidering the investment-profit nexus in finance-led economies: An ARDL-based approach [J]. Metroeconomica, 2008, 59 (3): 371-404.

[154] ORHANGAZI O. Financialisation and capital accumulation in the non-financial corporate sector: A theoretical and empirical investigation on the US economy: 1973-2003 [J]. Cambridge Journal of Economics, 2008, 32 (6): 863-886.

[155] PALLEY T I. Financialization: What it is and why it matters [J]. Social Science Electronic Publishing, 2007, 26 (9): 9-15.

[156] DEMIR F. The rise of rentier capitalism and the financialization of real sectors in developing countries [J]. Review of Radical Political Economics, 2007, 39 (3): 351-359.

[157] RICHARDSON S. Over-investment of free cash flow [J]. Review of Accounting Studies, 2006, 11 (2-3): 159-189.

[158] FACCIO M, MASULIS R W, MCCONNELL J J. Political connections and corporate bailouts [J]. Journal of Finance, 2006, 61 (6): 2597-2635.

[159] ORHANGAZI O. Financialization of the United States economy and its effects on capital accumulation: A theoretical and empirical investigation [D]. Massa chusettes: the University of Massachusettes, 2006.

[160] PANITCH L, GINDIN S. Superintending global capital [J], New Left Review, 2005, 45 (35), 101-123.

[161] ALLEN F, QIAN J, QIAN M. Law, finance, and economic growth in China [J]. Journal of Financial Economics, 2005, 77 (1): 57-116.

[162] HARRIS R, TRAINOR M. Capital subsidies and their impact on total factor productivity: Firm-level evidence from Northern Ireland [J]. Journal of Regional Science, 2005, 45 (1): 49-74.

[163] KRIPPNER G R. The financialization of the American economy [J]. Socio-Economic Review, 2005, 3 (2): 173-208.

[164] GONZALEZ X, JAUMANDREU J, PAZO C. Barriers to innovation and subsidy effectiveness [J]. RAND Journal of Economics, 2005, 36 (4): 930-950.

[165] EPSTEIN G A. Introduction: Financialization and the world economy [A]. In: Epstein GA, ed. Financialization and the World Economy

[C]. Cheltenham, U.K. and Northampton, Mass.: Elgar, 2005: 3-16.

[166] DUGUET E. Are R&D subsidies a substitute or a complement to privately funded R&D? Evidence from france using propensity score methods for non - experimental data [J]. Public Economics, 2004, 114 (411007): 245.

[167] TZELEPIS D, SKURAS D. The effects of regional capital subsidies on firm performance: An empirical study [J]. Journal of Small Business and Enterprise Development, 2004, 11 (1): 121-129.

[168] STOCKHAMMER E. Financialisation and the slowdown of accumulation [J]. Cambridge Journal of Economics, 2004, 28 (5): 719-741.

[169] CROTTY J. The neoliberal paradox: The impact of destructive product market competition and impatient finance on nonfinancial corporations in the Neoliberal era [J]. Review of Radical Political Economics, 2003, 35 (3): 271-279.

[170] TADESSE S. Financial architecture and economic performance: international evidence [J]. Journal of Financial Intermediation, 2002, 11 (4): 429-445.

[171] MOJON B, SMETS F, Vermeulen P. Investment and monetary policy in the Euro area [J]. Journal of Banking and Finance, 2002, 26 (11): 2111-2129.

[172] HALL B H. The financing of research and development [J]. Oxford Review of Economic Policy, 2002, 18 (1): 35-51.

[173] PHILLIPS K. Wealth and democracy: A political history of the American rich [M]. New York: Broadway Books. 2002.

[174] DORE R. Debate: Stock market capitalism vs. welfare capitalism: Stock market capitalism and its diffusion [J]. New Political Economy, 2002, 7 (1): 115-121.

[175] MALLIN C, OW YONG K, REYNOLDS M. Derivatives usage in UK non - financial listed companies [J]. European Journal of Finance, 2001, 7 (1): 63-91.

[176] DAVID P A, HALL B H, TOOLE A A. Is public R&D a complement or substitute for private R&D? [J]. A Review of the Econometric Evidence. Research Policy, 2000, 29 (4-5): 497-529.

[177] FROUD J, HASLAM C, JOHAL S, et, al. Shareholder value and fi-

nancialization: Consultancy promises, management moves [J]. Economy and Society, 2000, 29 (1): 80-110.

[178] WILLIAMS K. From shareholder value to present-day capitalism [J]. Economy and Society, 2000, 29 (1): 1-12.

[179] LAZONICK W, O'SULLIVAN M. Maximizing shareholder value: A new ideology for corporate governance [J]. Economy and Society, 2000, 29 (1): 13-35.

[180] BERGSTROM F. Capital subsidies and the performance of firms [J]. Small Business Economics, 2000, 14 (3): 183-193.

[181] WALLSTEN S J. The effects of government-industry R&D programs on private R&D: The case of the small business innovation research program [J]. RAND Journal of Economics, 2000, 31 (1): 82-100.

[182] OPLER T. The determinants and implications of corporate cash holdings [J]. Journal of Financial Economics, 1999, 52 (1): 3-46.

[183] KIM C S, MAUER D C, SHERMAN A E. The determinants of corporate liquidity: Theory and evidence [J]. Journal of Financial and Quantitative Analysis, 1998, 33 (3): 335-359.

[184] RAJAN R G, ZINGALES L. Financial dependence and growth [J]. American Economic Review, 1998, 88 (3): 559-586.

[185] BERNANKE B S, GERTLER M. Inside the black box: The credit channel of monetary policy transmission [J]. Journal of Economic Perspectives, 1995, 9 (4): 27-48.

[186] HIMMELBERG C P, PETERSEN B C. R&D and internal finance: A panel study of small firms in high-tech industries [J]. Review of Economics and Statistics, 1994, 76 (1): 38-51.

[187] ARRIGHI G. The long twentieth century: money, power, and the origins of our times [J]. American Political Science Association, 1994, 89 (4): 427-436.

[188] FAZZARI S M, PETERSEN B C. Working capital and fixed investment: New evidence on financing constraints [J]. RAND Journal of Economics, 1993, 24 (3): 328-342.

[189] TORNELL A. Real vs. financial investment: Can tobin taxes eliminate the irreversibility distortion? [J]. Journal of Development Economics, 1990, 32 (2): 419-444.

[190] FLIGSTEIN N. The transformation of corporate control [M]. Cam-

bridge, Mass. and London: Harvard University Press, 1990.

[191] JENSEN M C, Murphy K J. Performance pay and top-management in-centives [J]. Journal of Political Economy, 1990, 98 (2): 225-264.

[192] LUMMER S L, MCCONNELL J J. Further evidence on the bank lending process and the capital-market-response to bank loan agreements [J]. Journal of Financial Economics, 1989, 25 (1): 99-122.

[193] JAMES C. Some evidence on the uniqueness of bank loans [J]. Jour-nal of Financial Economics, 1987, 19 (2): 217-235.

[194] JENSEN M C. Agency costs of free cash flow, corporate finance, and takeovers [J]. American Economic Review, 1986, 76 (2): 323-329.

[195] TOBIN J. Money and economic growth [J]. Econometrica, 1965, 33 (4): 671-684.

[196] SOLOW R M. Technical change and the aggregate production function [J]. Review of Economics and Statistics, 1957, 39 (3).

[197] KEYNES J M. The general theory of employment [J]. Quarterly Jour-nal of Economics, 1937, 51 (2): 209-223.

索引

企业金融化适度性—5-7, 13, 14, 17-26, 32, 41, 43, 46-49, 55-57, 61, 63, 65-67, 71-73, 76, 78, 90, 93, 97, 100, 109-114, 116, 120, 122, 125, 127-130, 132, 134, 136, 137-139, 142, 144, 148-152, 154-156

企业创新—3, 5, 6, 14, 15, 18-24, 33-37, 39, 40, 68, 69, 72, 73, 75, 76, 78, 80, 83, 87-89, 93, 94, 97, 100, 104, 107, 109-114, 125, 130-134, 137, 138, 148, 151-153, 156

宏观经济政策—5-7, 15, 17, 19-22, 25-27, 41, 66, 128, 152-156

企业金融化—1, 2, 4-9, 13-15, 17-51, 54-58, 61, 63, 65-74, 76, 78, 89-91, 93, 94, 97, 100, 101, 104, 107, 109-114, 120, 122, 125, 127, 130, 132, 134, 136-139, 142, 144, 148-152, 154-156

金融化适度性甄别模型—19, 21, 25, 32, 42, 49, 55, 58, 60, 62, 65, 74, 83, 150, 151, 155

融资约束—5, 18, 21, 23, 24, 34-41, 43, 45-48, 55, 67-70, 72, 73, 75, 90, 93-97, 100, 104, 109, 111, 112, 127, 129, 131, 148, 150, 151, 153, 154

金融渠道获利—21, 23, 24, 26, 31, 32, 34, 37, 38, 40, 50, 62-66, 72, 73,

97-100, 104, 109, 151, 153

现金流约束—5, 21, 23, 24, 26, 60, 73, 75, 100-104, 109, 112, 129, 148, 150, 151, 153

金融化主动性—17-26, 104, 109, 122, 127, 142, 148, 151-153, 156

企业性质—18, 21, 23, 24, 35-38, 104-106, 109, 122, 124, 127, 144, 145, 148, 152-155

企业生命周期—23, 105-107, 109, 124, 125, 127, 144, 146, 148, 152, 154, 155

主业增长水平—18, 21, 23, 24, 107-109, 125-127, 144, 147, 148, 151-155

政府补助—15-26, 35, 110-123, 125-127, 150-156

货币政策宽松度—5, 15-26, 128-145, 148, 150, 152, 156